LE GÂCHIS FRANÇAIS

Du même auteur

L'État de connivence, Paris, Odile Jacob, 2014

Ricardo, reviens ! Ils sont restés keynésiens, Paris, François Bourin, 2012

Huit leçons d'histoire économique. Croissance, crise financière, réforme fiscale, dépenses publiques, Paris, Odile Jacob, 2012

Présidence Sarkozy : quel bilan ?, avec Henri Sterdyniak, Bordeaux, Prométhée, 2012

Le Socialisme de l'excellence. Combattre les rentes et promouvoir les talents, Paris, François Bourin, 2011

Histoire vivante de la pensée économique. Des crises et des hommes, Paris, Pearson, 2010, 2e éd. 2014

La Politique économique, Paris, PUF, « Que sais-je ? », 2008

Jean-Marc Daniel

LE GÂCHIS FRANÇAIS

40 ans de mensonges économiques

TALLANDIER

2, rue Rotrou – 75006 paris
www.tallandier.com

Introduction

En 1975, pour la première fois depuis trente ans, soit la fin de la guerre, les économies développées connaissent une récession[1]. On change d'époque : la France quitte la période devenue mythique des Trente Glorieuses. Cette expression mondialement connue est le titre d'un livre que l'économiste français Jean Fourastié publie en 1979[2]. Ce sont les années qui courent de 1945 à 1975, même si celles de l'immédiat après-guerre ne furent pas brillantes. Les Trente Glorieuses sont le pendant économique des Trois Glorieuses. Si ces journées révolutionnaires de 1830 firent passer la France de l'Ancien Régime restauré à une démocratie moderne, les années qui suivirent la fin de la Deuxième Guerre mondiale la firent passer d'une économie rurale protectionniste à une économie moderne. Pour Fourastié, l'enjeu est le suivant : cette économie modernisée, rencontrant pour la première fois la récession en 1975, pourra-t-elle poursuivre sur sa lancée et revenir à sa trajectoire de croissance d'avant 1975 ? Dans la dernière partie, qui s'intitule « Et maintenant », l'auteur exprime ses doutes.

1. Au niveau mondial, la production par habitant recule de 0,3 %. En France, compte tenu de l'inflation, la production en valeur augmente de 12,5 %. Mais elle se contracte en volume de 1 % alors que la croissance en volume avait été de 6,3 % en 1973 et de 4,5 % en 1974.

2. Il est régulièrement réédité. On le trouve chez Hachette, dans la collection « Pluriel », avec une préface de Daniel Cohen.

L'ultime chapitre du livre a pour titre « La fin des temps faciles » et Fourastié n'y va pas par quatre chemins. La forte croissance est derrière nous et quatre raisons l'expliquent : le choc pétrolier, la désorganisation du système monétaire international, la difficulté à répondre à la montée en puissance des économies en voie de développement et les tentations protectionnistes. Il conclut en soulignant que si ces facteurs sont en partie extérieurs à la France, leurs conséquences dépendront des choix français de politique économique.

Au milieu des années 1970, Valéry Giscard d'Estaing, président de la République depuis mai 1974, porte les choix économiques. En 1975, il répond à la récession par une relance dans la ligne des idées dominantes inspirées par Keynes et ses disciples. Mais celle-ci, suggérée par Jacques Chirac, alors Premier ministre, ne le satisfait pas. Le 28 octobre, il donne une conférence sur le nouvel ordre économique mondial à l'École polytechnique. Après quelques bons mots sur son statut d'ancien, il aborde le cœur du sujet. Son diagnostic est sans appel : « L'économie mondiale traverse une tempête. » Et pour lui, comme pour un nombre grandissant d'économistes, les recettes anciennes d'origine keynésienne ne fonctionnent plus. J'ai assisté à cette conférence et ne l'ai pas oubliée. D'autant moins que, quarante ans après, le vent mauvais souffle plus que jamais : la croissance, mètre étalon de l'évaluation de la dynamique économique, ne cesse de reculer. Entre 1960 et 1969, elle est en moyenne de 5,6 % par an ; dans les années 1970, elle descend à 3,7 % ; entre 2000 et 2009, elle n'est plus que de 1,5 %. Ce ralentissement naît de l'incapacité de l'économie française à utiliser ses forces vives, notamment de travail. En effet, malgré quelques périodes de rémission à la fin des années 1980, ou à la fin des années 1990, le chômage tend à s'accroître inexorablement : en 1975, la barre du million de chômeurs est franchie, puis 2 millions dans les années 1980, 3 millions dans les années 1990.

Depuis quarante ans, chaque leader politique mène sa carrière et accède au pouvoir en affirmant solennellement « Ma priorité, c'est l'emploi », avant de devoir admettre son échec, quelquefois de façon spectaculaire, comme François Mitterrand en juillet 1993 qui déclare : « Contre le chômage, on a tout essayé. » En réalité, nos dirigeants n'ont presque rien essayé. Pour inverser ces tendances, ils ont essentiellement accru la demande publique sans mettre en regard les recettes équivalentes. Par conséquent, la dette publique n'a cessé de s'alourdir. En 1975, celle issue de la Deuxième Guerre mondiale a été effacée par l'inflation et, après 1958, par une politique systématique d'équilibre budgétaire. Le ratio dette/PIB est alors de 15 %. Depuis 1975, plus aucun budget n'a été équilibré et la dette publique s'accumule pour atteindre, fin 2014, 96 % du PIB, devenant un problème inquiétant pour l'avenir.

Y a-t-il une sorte de fatalité condamnant la France, de plus en plus endettée, au déclin économique ? La réponse est non. Si tous les pays développés ont vu leur croissance ralentir après 1975, ils n'ont pas connu le même destin que la France, qui a eu ses spécificités et a commis ses propres erreurs. À mes yeux, la plus lourde a été l'incapacité de ses dirigeants à définir une politique économique cohérente. C'est ce que ce livre essaie d'exposer.

Depuis 1976, l'enjeu des gouvernements a été l'emploi, alors qu'il aurait dû être le pouvoir d'achat, et donc la croissance, qui passe par l'acceptation de mutations économiques et de destructions d'emplois. Selon les économistes, à long terme, celle-ci repose sur une combinaison de progrès technique, d'énergie peu chère et de mobilisation de la population susceptible de travailler, ce que l'on appelle la « population active[1] ». Se pose dès lors la question de l'action publique à court terme capable de conforter la croissance à long terme. Au milieu des années 1970, deux approches ont apparu.

La première, portée par les États-Unis, considère que l'héritage keynésien reste valide pour répondre aux difficultés immédiates d'une économie. Le déficit budgétaire, l'accumulation de dettes qui en résulte et l'inflation qui permet d'effacer cette dette sont un moyen pratique de gagner du temps. Convaincus que les chocs pétroliers inauguraient une période d'énergie chère et que le progrès technique semblait faire faux bond, les Américains se sont persuadés de la nécessité de « ruser » avec l'histoire et de donner, pour paraphraser une des formules favorites de François Mitterrand, « du temps au temps »… économique. En conservant, grâce au déficit budgétaire, une demande publique importante, ils ont affirmé que cela allait maintenir le plein-emploi, même s'il repose sur le gonflement des effectifs des fonctions publiques et l'émergence d'emplois privés peu productifs. À leurs yeux, il serait toujours temps de corriger la donne quand le progrès technique, et avec lui une croissance durable, serait revenu. En termes de référence économique, cette approche, qui s'inscrit dans une logique de pérennisation du keynésianisme, s'accompagne d'un certain renouvellement de cette doctrine. La version initiale du keynésianisme, celle inaugurée par le New Deal de Franklin Roosevelt et généralisée dans les années 1950, assimilait augmentation des dépenses publiques, financées notamment par le déficit budgétaire, et croissance économique. Après 1975, le keynésianisme adopté par les Américains, que j'appellerai « keynésianisme amendé », continue à faire de l'action budgétaire, et notamment de l'acceptation d'un déficit, le centre

1. Voir notamment le glossaire, p. 255-256.

de la politique économique. Mais il recherche désormais ce déficit dans les baisses d'impôt. Le fondement de la politique économique américaine qui se met en place dans les années 1970 est de ne pas s'inquiéter de l'accumulation de dettes, et de tolérer une certaine dose d'inflation ou un certain niveau de déficit extérieur, mécanismes qui traduisent l'un comme l'autre un excès de demande dans l'économie, dès lors que cette dette et cet excès de demande contribuent à la réduction du chômage. Les crises financières à répétition et les problèmes liés à des endettements publics croissants vont néanmoins entretenir le doute sur les mérites de ce « keynésianisme amendé ». S'il a fini par prendre le pouvoir à Washington, il se heurte à diverses oppositions, celle des Démocrates issus du sud des États-Unis, comme les présidents James Carter (1977-1981) ou William Clinton (1993-2001), ou celle des technocrates comme Paul Volcker qui préside la Réserve fédérale, c'est-à-dire la banque centrale américaine, de 1979 à 1987.

La seconde approche s'identifie aux Allemands, qui considèrent hasardeuse la consolidation du keynésianisme au nom de la nécessité de gagner du temps. Parier sur l'idée que le temps résoudrait rapidement les problèmes leur est apparu d'autant plus dommageable que ce choix impliquait de considérer l'inflation comme un outil et non comme un problème. Ils ont développé une vision alternative à la conception américaine, reposant sur le refus du déficit budgétaire sur longue période et sur la stabilité monétaire. Et ils ont proposé à leurs partenaires européens de s'associer à eux dans la construction d'une Europe économique où les ajustements reposeraient non pas sur la demande publique et les corrections de prix relatifs par l'inflation, mais sur l'investissement privé et la pression exercée sur les acteurs économiques par la concurrence[1]. Cette approche ne voit dans le keynésianisme, même amendé, qu'un moyen de différer les problèmes. Ce dernier ne serait qu'une acceptation vaine de l'inflation et des baisses de pouvoir d'achat qui l'accompagnent, dans l'espoir d'en obtenir une baisse du chômage, l'inflation d'aujourd'hui réduisant l'air de rien le coût du travail, l'inflation de demain effaçant la dette publique née de l'accumulation de déficits. Selon cette vision, espérer réduire le chômage d'aujourd'hui grâce à un endettement croissant au prix de l'inflation de demain est un pari dangereux. Elle sera qualifiée de « libérale-monétariste ».

Ainsi, à la fin des années 1970, deux modèles s'opposent : un modèle américain, celui du « keynésianisme amendé », et un modèle allemand, celui du « libéral-monétarisme ». Dans le premier modèle, tout doit être fait pour éviter le chômage, y compris l'acceptation de l'inflation et de l'endettement ; dans le second, l'inflation d'aujourd'hui n'est que l'anticipation du chômage de demain, celui qui apparaît au moment où l'inflation devenue insupportable réclame des politiques monétaires restrictives qui brident le crédit et l'investissement, si bien que la priorité est la stabilité monétaire. Le premier suppose de ne pas sacrifier le court terme au long terme ; le second suppose de ne pas sacrifier le long terme au court terme, ou – pour reprendre une expression du premier prix Nobel d'économie, Jan Tinbergen, un travailliste néerlandais – de ne pas « sacrifier la prochaine génération à la prochaine élection ».

Face à ces deux modèles, la France aurait dû choisir. Or, elle n'a cessé de louvoyer. Depuis la signature du traité de Rome en 1957, sa politique économique est liée à celle de ses partenaires européens. Elle a donc pris l'habitude de multiplier

---

1. Sur l'inflation et son contenu économique et sur la politique budgétaire, voir le glossaire, p. 256-260.

les engagements vis-à-vis d'eux et d'affirmer une communauté de pensée, notamment avec l'Allemagne. Mais, une fois les engagements solennellement pris, elle s'empresse de les trahir avant de les renouveler encore, dans un enchaînement chaotique de laxisme et de rigueur. Entre une rive allemande et une rive américaine, elle s'est installée au milieu du gué. Il en résulte une alternance mortifère entre des périodes de facilité budgétaire et des périodes de correction brutale.

Depuis l'alternance de 1981, chaque équipe gouvernementale arrive en annonçant la fin des sacrifices et la priorité absolue accordée à la lutte contre le chômage. Elle s'engage dans des actions de relance plus ou moins redistributives qui se heurtent au déficit extérieur et à des tensions inflationnistes. Elle doit alors corriger sa trajectoire économique, ce qui conduit à davantage de chômage. Le tout se solde par une défaite aux élections suivantes et le retour de l'équipe antérieure qui semble n'avoir que peu appris et réellement rien compris.

La dernière fois qu'une majorité sortante a réussi à éviter la défaite a été en 1978. En janvier, Valéry Giscard d'Estaing se rend dans la commune de Verdun-sur-le-Doubs, en Saône-et-Loire, et prend position dans le débat pour conforter sa majorité. Dans son discours, connu comme celui du « bon choix », il déclare : « Vous qui travaillez dur, vous qui avez peur que vos enfants ne trouvent pas facilement un emploi, et auxquels on explique que tout s'arrangerait si vous vous contentiez de changer ceux qui vous gouvernent, je vous comprends, c'est vrai, d'être tentés de voter contre la crise. Et d'ailleurs, si c'était si simple et si on pouvait s'en débarrasser par un vote, pourquoi ne pas le faire ? Malheureusement, il n'est pas plus efficace de voter contre la crise que de voter contre la maladie. La crise se moque des bulletins de vote. La crise est comme l'épidémie, elle nous vient du dehors. Si nous voulons la guérir, il faut bien choisir le médecin. Et si nous pensons nous en débarrasser par la facilité, l'économie se vengera, et elle se vengera sur vous. »

S'il semble avoir été entendu en 1978, ce message lucide ne le sera plus vraiment par la suite, si bien que l'économie depuis ne cesse de se venger sur la France et sa population. Certains gouvernements ont essayé de rompre avec la fatalité d'une première phase de laxisme démagogique keynésien amendé, suivie d'une phase de redressement honteux libéral-monétariste. Ce fut le cas de Premiers ministres comme Raymond Barre, Laurent Fabius ou Alain Juppé. Mais ce fut pour de courtes périodes et leurs successeurs ne surent pas, ou ne purent, prolonger leur action. Quant aux présidents de la République, le seul qui ait pris la dimension de l'enjeu réel est, à mes yeux, François Mitterrand. Pour lui, l'économie est un outil qu'il maîtrise plus ou moins bien, au service d'une politique. Arrivé au pouvoir en 1981, dans un premier temps, il laisse son entourage mener une action économique qui doit « changer la vie » des Français et faire naître une société socialiste originale. Son discours est marxiste, sa vision réformatrice, l'outil que ses experts lui proposent, keynésien. Rapidement, il constate l'échec de cette politique et change d'orientation. Il ne cherche plus à renouveler l'outil économique mais à modifier le contenu politique. Après l'échec de ses illusions sur le socialisme, il décide en 1983 de porter un autre idéal, celui de l'Europe, qui conditionne désormais son action économique. L'entente avec l'Allemagne devient son projet, son obsession ; il impose au pays de s'en donner les moyens, notamment économiques, y compris quand le doute s'installe dans la foulée de la chute du communisme et de la réunification allemande. Après lui, l'absence de volonté et de vision à long terme qui s'installe au sommet de l'État prive la France d'un objectif fort et la fait renouer avec la politique chaotique des deux phases

– celle des largesses « américaines » et celle de la correction « allemande ».

Il est temps de mettre un terme à ce processus. D'abord, parce que les capacités de rebond de l'économie française commencent à s'amenuiser et que le déclin, de sujet de débat intellectuel, risque de devenir une réalité. Ensuite, parce que les défaites électorales à venir pourraient profiter aux mouvements politiques extrêmes, à l'aventurisme économique inquiétant. Enfin, parce que les relations avec nos partenaires européens se détériorent et que notre crédibilité internationale s'amenuise[1].

Il y a quarante ans, face à la « tempête », Valéry Giscard d'Estaing demandait aux électeurs de garder la tête froide. Dans la foulée, en portant le système monétaire européen[2] sur les fonts baptismaux au sommet européen de Brême, en juillet 1978, il donnait un cap au navire France. Depuis, ce cap n'a vraiment été tenu que par François Mitterrand après qu'il eut été dégrisé des ivresses de mai 1981. Aujourd'hui, le navire est à la dérive, gâchant les chances d'un pays à qui on ne cesse de répéter qu'il a tout pour réussir. Ce livre décrit en quoi les quarante années qui ont suivi la récession de 1975 furent un gâchis, afin d'inviter ceux qui nous dirigent à se ressaisir.

---

1. Dans une tribune dans la presse anglaise du 11 juillet 2015, Yanis Varoufakis, qui fut le ministre grec des Finances entre janvier et juillet 2015, exprimait l'idée que derrière la fermeté allemande vis-à-vis de la Grèce il y avait un non-dit, un message indirect à l'égard de la France, considérée de moins en moins par les Allemands comme un allié fiable et de plus en plus comme le porte-parole des mauvais élèves de la classe économique européenne.

2. Il s'agit de l'ancêtre de l'euro.

CHAPITRE 1

La période des ruptures 1973-1978

La « tempête » dont parle Valéry Giscard d'Estaing à l'École polytechnique en 1975 se lève en 1973, année du premier choc pétrolier. Trois éléments changent la donne et justifient l'emploi de ce mot : la fin du système monétaire international, les premières manifestations du ras-le-bol fiscal et, dans la foulée du choc pétrolier, l'échec des relances budgétaires supposées en corriger les effets récessifs. En 1978, à Brême, pour essayer de naviguer par « gros temps » économique, les Européens décident d'unir leur force monétaire. Jusqu'à aujourd'hui, tous ces éléments ont fondé notre vie économique.

Désorganisation du système monétaire international

La disparition de l'or en tant que symbole monétaire est la rupture la plus importante apportée par les années 1970. Le lundi 19 mars 1973 – jamais commenté – commence le processus qui va exclure l'or du domaine monétaire où il joue un rôle central depuis Crésus, c'est-à-dire depuis le VIe siècle avant Jésus-Christ. Ce jour-là, l'ouverture des marchés se fait dans la fébrilité. Depuis presque deux ans, le monde de la finance a la fièvre. Très exactement depuis le 15 août 1971, quand le président des États-Unis, Richard Nixon, suspend officiellement à titre provisoire, la convertibilité-or du dollar. Cette décision est l'aboutissement d'une fuite en avant sans contrôle dans l'émission de dollars. Tandis qu'en 1950, le stock d'or américain représente sept fois les avoirs en dollars des banques centrales étrangères, après 1960 il ne les couvre plus. En 1945, les États-Unis possèdent 66 % des réserves d'or ; en 1971, ils ne disposent plus que de 24 %. Le dollar, réputé pour être aussi bon que l'or (*as good as gold*), est l'objet de toutes les suspicions. La confiance ne peut revenir que sur la base d'une augmentation de la valeur du stock d'or américain, c'est-à-dire d'une dévaluation du dollar. Elle a lieu en décembre 1971 : le prix de l'once d'or passe de 35 à 38 dollars. Mais cela se révèle vite intenable. En mars 1973, une nouvelle dévaluation a lieu. Une question est sur toutes les lèvres : le nouveau cours (42,20 dollars l'once) tiendra-t-il ? Le 19 mars 1973, la réponse ne tarde pas, les opérateurs vendant massivement leurs dollars. Le retrait du Vietnam et le début, le 17 mars, des auditions sénatoriales sur le Watergate accaparent l'attention de Nixon, qui se désintéresse du problème monétaire. Washington jette donc l'éponge et les changes flottants s'installent. Trois ans après, en janvier 1976, les Américains font entériner la situation par les membres du Fonds monétaire international (FMI) à Kingston, en Jamaïque. C'est la fin de la convertibilité-or du dollar et l'instauration dans la durée des changes flottants. Non sans désinvolture, les Américains imposent une double rupture : d'abord, avec la tradition multiséculaire qui faisait de l'or l'objet monétaire par excellence ; ensuite, de façon symboliquement moins spectaculaire, mais tout aussi importante, avec l'héritage britannique du XIXe siècle, celui du change fixe et de l'étalon-or. Présentés au départ comme un affaiblissement de la position monétaire des États-Unis, l'abandon de l'or et les changes flottants confortent leur domination.

En 1972, John Connally, secrétaire au Trésor américain, avait affirmé avec cynisme aux Européens : « Le dollar, c'est notre monnaie et votre problème. »

Ras-le-bol fiscal

À cette rupture monétaire s'ajoute une rupture budgétaire, moins brutale. Depuis 1945 – pour ne pas dire depuis 1815 –, la tendance historique dans les pays développés est à la hausse des impôts, à la fois comme moyen de financer des dépenses publiques croissantes et comme moyen de redistribuer les revenus. Or, dans les années 1970, la révolte fiscale gronde, notamment aux États-Unis.

En décembre 1974, elle trouve son théoricien et son porte-parole en la personne de l'économiste Arthur Laffer. Tout commence lors d'un dîner avec Jude Wanniski, journaliste conservateur, et deux cadres prometteurs du parti républicain : Richard Cheney et Donald Rumsfeld[1]. La discussion tourne autour d'un thème : comment le parti républicain peut-il effacer le Watergate, ce scandale qui a conduit Richard Nixon à une démission honteuse, le 8 août précédent ? Wanniski et Cheney militent pour un recentrage sur les problèmes intérieurs. L'Amérique étant malade du Vietnam et de sa mission impériale, ils proposent une baisse généralisée des impôts. Donald Rumsfeld s'indigne : il faut réduire en priorité le déficit budgétaire et augmenter les dépenses militaires, il est donc impossible de baisser les impôts. Arthur Laffer met tout le monde d'accord : en baissant le taux d'imposition, on obtient *in fine* un surcroît de rentrées fiscales et donc une

1. Ils seront respectivement vice-président et ministre de la Défense sous la présidence de G.W. Bush.

réduction du déficit et une plus grande capacité de dépense. Pour expliquer ce paradoxe, il dessine sur la nappe ce qui deviendra la « courbe de Laffer ». En abscisse, il place le taux d'imposition ; en ordonnée, le rendement fiscal, ce que perçoit effectivement l'État. Quand le taux d'imposition est nul, l'État ne perçoit rien ; quand il est égal à 100 %, il ne perçoit rien non plus (plus personne n'acceptant de travailler). On résume souvent ce résultat ainsi : « Trop d'impôt tue l'impôt. » Mathématiquement, la courbe qui donne le rendement en fonction du taux part de 0 pour un taux d'imposition de 0 %, commence par monter, puis redescend vers le 0 correspondant à 100 %. Elle a la forme d'un « U » renversé[1]. Le taux d'imposition qui correspond au sommet du U est celui qui garantit à l'État un montant maximal de recettes. C'est le taux optimal d'imposition, au-delà duquel le travail, pénalisé, se dérobe et les rentrées fiscales fondent. Et pour Arthur Laffer, il est facile de proclamer que les États-Unis ont depuis longtemps dépassé ce taux optimal, qu'en réduisant les impôts on augmentera la motivation au travail, suscitera de nouveaux investissements et dynamisera l'économie. En tout état de cause, convaincus ou non de la pertinence des thèses de Laffer, les électeurs californiens votent en 1978 la « proposition 13 », c'est-à-dire un amendement à l'article 13 de la Constitution de l'État de Californie qui limite les taux de l'impôt foncier.

Choc pétrolier et échec des relances de 1975

Le choc pétrolier est un autre événement spectaculaire de ces années 1970 : le prix du pétrole flambe à partir d'oc-

1. Les mathématiciens formalisent ce résultat à travers ce qu'ils appellent le « théorème de Rolle ».

tobre 1973. En effet, à l'occasion de la guerre du Kippour entre Israël et ses voisins, les pays arabes membres de l'OPEP[1], réunis au Koweït, annoncent un embargo sur les livraisons de pétrole contre les États qui soutiennent Israël[2]. Au-delà de cette position politique, ils adoptent une mesure plus économique, à savoir une réduction de la production de 25 %. Les résultats sont immédiats : des tensions apparaissent sur les prix. Dans la foulée, en décembre 1973, l'OPEP porte le prix du baril de 3 à 10 dollars.

Pour contrebalancer les effets récessifs de la ponction sur le pouvoir d'achat que provoque cette hausse, les experts recommandent un soutien de la demande par accroissement du déficit budgétaire. L'Organisation de coopération et de développement économiques (OCDE) est à l'avant-garde de cette défense de la relance. Elle met en avant deux arguments : le premier est qu'en augmentant le besoin de financement des États, on recycle les pétrodollars, les membres de l'OPEP achetant les emprunts émis ; le second est que l'on compense par l'augmentation des dépenses publiques la ponction sur la demande due à l'augmentation du coût de l'énergie.

Dans les avis qu'elle donne, l'OCDE raisonne en introduisant la notion de « cycle économique ». Au tournant des années 1960, les experts constatent que la croissance connaît des soubresauts : une succession de récessions et de périodes de forte accélération. Par-delà ce constat, ils établissent que ce mouvement n'est pas le fruit du hasard mais est explicable par la science économique. L'économie fonctionne selon un cycle

1. Organisation des pays exportateurs de pétrole. Dans les années 1970, elle agit comme un cartel dont le but est de faire monter le plus possible les prix du pétrole.

2. Principalement les États-Unis, le Japon, les Pays-Bas et l'Afrique du Sud.

qui trouve son origine dans un décalage dans le temps entre les décisions prises par les différents acteurs. Concrètement, la source du cycle est la distorsion d'informations entre le moment où l'on investit et celui où l'on vend. On investit sur la base d'une anticipation, on vend sur la base d'une réalisation, si bien que le temps du producteur n'est pas en phase avec celui du consommateur.

En 1974, l'OCDE préconise que le déficit budgétaire soit limité à une réponse au retournement conjoncturel et que les pays occidentaux réfléchissent à la nouvelle donne énergétique. Pour faciliter le calcul du déficit souhaitable, l'OCDE fournit à ses membres une évaluation de leur position dans le cycle. Elle estime ainsi que l'écart de production[1] pour les six pays du Marché commun est passé de 1 % du PIB potentiel au dernier semestre de 1973 à 8,5 % au dernier semestre de 1975. Elle complète son approche sur le positionnement dans le cycle par ce qu'on appelle la « stratégie des locomotives ». Selon cette théorie, l'ampleur de la relance doit tenir compte non seulement des écarts de production de chaque pays, mais aussi de leur situation extérieure. Ceux qui, comme l'Allemagne ou le Japon, abordent le choc en situation d'excédent extérieur doivent être davantage sollicités. Ce sont les « locomotives » de l'opération.

Munie de ces éléments, la France, même si elle ne compte pas parmi les « locomotives », s'engage dans la relance. Le Premier ministre, Jacques Chirac, annonce à l'automne 1975 un plan de soutien à la croissance. Le déficit budgétaire de 1975 voté fin 1974 est de 4 milliards de francs. Il est porté à 38,2 milliards, soit 2,6 % du PIB. Le contenu de la relance se divise entre 15 milliards de grands travaux, dont le TGV sera le plus emblématique, 5 milliards d'augmentation des allocations

1. Voir le glossaire, p. 259.

sociales et 18 milliards de baisse d'impôts. Ces mesures sont complétées par un coup de pouce en faveur des bas salaires : le SMIC augmente en pouvoir d'achat de 8,4 % en 1974, 6,6 % en 1975 et encore de 4,7 % en 1976. En 1976, le taux de croissance retrouve son niveau de 1974 (4,3 %).

Pourtant, dès fin 1975, des doutes s'expriment. D'abord, le prix à payer pour atteindre un tel niveau de croissance a été un creusement sévère du déficit extérieur. Ensuite, l'impact sur le chômage est faible. En novembre 1975, Lionel Stoleru, conseiller économique de Valéry Giscard d'Estaing, est interrogé sur la situation de l'emploi. Le nombre de chômeurs vient de dépasser le million. Il parle de la nécessité de réformer le marché du travail et soutient qu'il est illusoire de croire au retour du plein-emploi grâce à une augmentation de la demande publique. À la même époque, l'OCDE commence à insister sur le problème du « chômage structurel ».

Brême 1978 ou la naissance de l'Europe monétaire

L'échec des politiques de relance, le désordre monétaire qui s'installe, mais aussi l'affaiblissement politique des États-Unis après le scandale du Watergate conduisent les Allemands à prendre des initiatives. Ils proposent à leurs partenaires de protéger l'Europe des turbulences monétaires en construisant un système local de changes fixes. Les Européens appellent tout d'abord « serpent monétaire » le système qui lie leurs monnaies. En 1978, ils s'accordent pour aller plus loin et, le 6 juillet 1978, à Brême, le système monétaire européen (SME) est créé sous la présidence allemande de la CEE. Le communiqué final du sommet précise : « À la suite des entretiens de Copenhague[1], du 7 avril 1978, le Conseil européen a examiné le projet présenté par des membres du Conseil européen, visant à établir une coopération monétaire plus étroite (par la création d'un système monétaire européen) aboutissant à une zone de stabilité en Europe. Le Conseil européen estime que l'établissement d'une telle zone de stabilité constitue un objectif hautement souhaitable. » Ce texte contient une annexe décrivant ce que sera le nouveau SME. Son point 5 est fondamental : « Un système de coopération monétaire plus étroite ne pourra réussir que si les pays participants poursuivent des politiques propres à assurer une plus grande stabilité à l'intérieur et à l'étranger : cette observation concerne aussi bien les pays à balance des paiements déficitaire que les pays à balance des paiements excédentaire. »

Dès lors que les Européens s'engagent vers une intégration monétaire renforcée, la logique du triangle de Mundell s'impose à eux[2]. Pour qu'un système de change fixe comme le SME soit viable sur le long terme, il faut que tous les pays participants, puisqu'ils ont la même politique monétaire, aient le même taux d'inflation. Et le plus simple est que ce taux d'inflation soit faible. Le point 5 ne dit pas autre chose : pour que le SME vive, il faut que ses membres ne connaissent pas de déséquilibre entre l'offre et la demande, ne connaissent ni excès de consommation source d'inflation, ni excès d'épargne risquant de conduire à du chômage. La France, qui vit en inflation et en déficit extérieur, signe en affirmant vouloir se corriger.

---

1. Le Danemark assure la présidence de l'Europe au premier semestre de 1978 ; en juillet, l'Allemagne vient de lui succéder.

2. Voir le glossaire, p. 262.

Le rapport McCracken et le G7 de Bonn

En 1976, l'OCDE abandonne la « stratégie des locomotives » et lance un travail de remise en ordre de ses théories. Pour cela, elle crée une commission présidée par l'Américain Paul McCracken. Professeur d'économie à l'université du Michigan, il a été, entre 1969 et 1971, responsable du Council of Economic Advisers, l'équipe des conseillers économiques du président des États-Unis. Sa lettre de mission précise qu'il lui appartiendra de « déterminer et d'examiner les principaux problèmes que pose la recherche par les pays membres [de l'OCDE] d'une croissance non inflationniste, compte tenu des changements structurels qui se sont produits dans la période récente ; de faire des suggestions concernant les différentes stratégies et les différents instruments que les pays membres pourraient adopter ». Au sein de la commission, deux hommes s'affirment : l'Italien Guido Carli, ancien gouverneur de la banque centrale d'Italie, et le Français Raymond Barre[1].

Raymond Barre est en territoire connu quand le rapport se retrouve au centre de la préparation du G7 de 1978. Un sommet né des doutes de Valéry Giscard d'Estaing sur l'efficacité de la relance budgétaire. À l'automne 1975, il convie donc les dirigeants des principaux pays industrialisés non communistes à en discuter à Rambouillet. Les résultats sont décevants. Une des rares décisions est d'entériner le principe d'une réunion annuelle[2]. En 1978, elle se tient en Allemagne, à Bonn, les 16

1. Devenu ministre, il sera remplacé par Robert Marjolin.

2. À partir de 1976, cette réunion rassemble sept pays : Canada, États-Unis, Royaume-Uni, Allemagne, France, Italie, Japon. D'où le nom de « groupe des 7 » ou G7. À ces sept pays vient s'ajouter la Communauté européenne représentée par le président de la Commission. Chaque pays organise à tour de rôle la réunion du G7.

et 17 juillet. Les équipes qui préparent le sommet notent que le consensus sur la politique économique à mener qui avait caractérisé l'après-guerre se défait. Une opposition de principe entre les Américains et les Allemands apparaît. Lors des débats, les deux visions opposées du keynésianisme amendé et du libéral-monétarisme s'affrontent clairement pour la première fois à partir du rapport McCracken :

> L'évolution récente s'explique pour l'essentiel par la conjonction exceptionnelle dans le temps d'une série d'événements malheureux qui ne se répétera sans doute pas à la même échelle et dont l'effet s'est trouvé amplifié par certaines erreurs de politique économique qui auraient pu être évitées. [...] La croissance au cours des dix prochaines années se trouvera limitée moins par les contraintes de caractère physique ou technologique que par la nécessité de surmonter les tensions et les déséquilibres actuels, d'ordres économique et social, dont l'inflation est l'un des principaux symptômes.

À la lecture du rapport, on comprend quelles sont les erreurs dont l'économie des pays développés a souffert. Il s'agit du déficit budgétaire américain dû à la guerre du Vietnam et de l'explosion des salaires en Europe. Quelles sont alors les solutions ? « Revoir les priorités et améliorer l'efficience des programmes publics ; faire en sorte que, dans chaque pays, le gouvernement, les syndicats et le patronat parviennent à un consensus sur la nécessité d'une augmentation des profits et des investissements. » Rappeler le rôle clé de l'investissement dans la croissance fait évidemment consensus. Dans le chapitre intitulé « Améliorer le fonctionnement des marchés », le rapport précise : « La perte de souplesse dans le fonctionnement du marché du travail est peut-être l'une des principales raisons pour lesquelles, ces dernières années, le taux de chômage observé au sommet du cycle conjoncturel n'a cessé d'augmenter dans la plupart des pays. »

En 1978, l'OCDE affirme donc que la lutte contre le chômage passe par un assouplissement du fonctionnement du marché du travail[1] et qu'il faut revoir l'« efficience » de l'action publique. La politique budgétaire doit raisonner moins en quantité de dépenses qu'en qualité.

Dilemme américain

Sur le fond, le président Jimmy Carter et son entourage sont plutôt d'accord avec cette approche favorable à la libéralisation des marchés et à la réévaluation de l'efficacité budgétaire. Ils sont en particulier disposés à accroître la concurrence. Généralement, les Démocrates du Sud sont partisans de la plus grande liberté économique possible. Or, le président américain est originaire de Géorgie. Dans un parti au passé complexe et riche en revirements idéologiques, il est l'héritier du combat libre-échangiste des Sudistes, de Thomas Woodrow Wilson et de son secrétaire au Trésor, Carter Glass, qui fut un pourfendeur du New Deal de Roosevelt. On l'oublie souvent, mais c'est Jimmy Carter, et non Ronald Reagan, qui a commencé à rompre avec le dirigisme rooseveltien. De retour de Bonn, il lance la vague de déréglementation en libéralisant le trans-

1. Dans son livre précédemment cité, Fourastié fait le même constat. Pour lui, les deux faiblesses majeures de l'économie française sont, d'une part, le décalage entre le niveau des salaires et l'efficacité du travail mesurée par sa productivité, et, d'autre part, le manque de connaissances économiques du peuple français et de ses dirigeants. Quarante ans après, peu de progrès ont été faits tant dans l'assouplissement du marché du travail, de façon à rapprocher salaires et productivité, que dans les connaissances économiques ambiantes !

port aérien. Au G7 suivant, qui se déroule en 1979 à Tokyo, il accepte même, vu l'ampleur de la chute du dollar contre la plupart des devises, que la lutte contre l'inflation soit mentionnée comme une priorité. Au retour, il impose à la tête de la Réserve fédérale américaine Paul Volcker, qui mène une politique monétaire violemment restrictive. Les taux d'intérêt à court terme passent de 7,4 % en 1978 (l'année précédant sa nomination) à 14 % en 1981.

Jimmy Carter force la main à la classe politique américaine qui ne partage pas ces préventions vis-à-vis de l'inflation. Les résistances auxquelles il se heurte viennent non seulement des Républicains mais également de son propre parti. Les Démocrates du Nord, restés rooseveltiens, demeurent persuadés que le déficit budgétaire est le moyen le plus sûr de soutenir la croissance. Ils ne veulent pas se laisser brider par des considérations monétaires et par une vision trop stricte et trop dogmatique de la stabilité des prix. À leurs yeux, la politique budgétaire est l'outil de référence, et la politique monétaire son auxiliaire. Ces Démocrates rooseveltiens s'attachent à redéfinir les pouvoirs de la Réserve fédérale dans un sens favorable à un usage le plus large possible de la politique budgétaire.

En 1977, le Congrès entame la discussion d'un texte sur le plein-emploi et la croissance économique : c'est le Humphrey-Hawkins Full Employment Act, dont la version définitive est adoptée en 1978[1]. Parmi les multiples articles, on en trouve un qui précise les missions de la Réserve fédérale, la banque centrale des États-Unis. D'après celui-ci, la « Fed » doit « maintenir en moyenne une croissance des agrégats monétaires et de la quantité de crédit compatible avec le potentiel de croissance de la production, de manière à tendre vers les objectifs

1. Son initiateur, Hubert Humphrey, décède en janvier 1978.

suivants : un taux d'emploi maximum ; des prix stables ; des taux d'intérêt à long terme peu élevés ».

La stabilité des prix fait partie des missions traditionnelles des banques centrales. Conforme à l'objet général du texte, la mention du taux d'emploi maximum satisfait le Congrès qui, comme toute structure politique dirigeante, souhaite que l'emploi apparaisse dans les préoccupations des décideurs. La vraie originalité réside dans l'objectif d'une recherche de taux d'intérêt à long terme peu élevés. L'État, emprunteur dont la boulimie est associée par les théories keynésiennes à la capacité de relancer la machine, est l'agent économique qui se trouve ainsi favorisé. En adoptant le Humphrey-Hawkins Full Employment Act, les États-Unis affichent leur intention de continuer à centrer leur politique économique sur le budget. Par conséquent, à Bonn, leur position – celle qui fondera jusqu'à aujourd'hui leur rapport à la politique monétaire – est simple : pas question de s'enfermer dans un refus par principe de l'inflation. Pourvu qu'elle reste « raisonnable », elle est utile pour effacer les dettes. Et, dès lors qu'il est toujours possible de nettoyer les ardoises de dette publique avec de l'inflation, l'accepter permet de laisser filer le déficit budgétaire. Que cela plaise ou non aux Européens. En 1978, les Américains ne concèdent aux Allemands en particulier, et aux Européens en général, que la nécessité d'une concurrence accrue.

En 1978, les États-Unis renâclent au G7 de Bonn devant la logique du rapport McCracken. Ils hésitent à renoncer au keynésianisme et aux facilités budgétaires qu'il préconise. Ils adoptent le Humphrey-Hawkins Full Employment Act qui entend faciliter le recours au déficit budgétaire en maintenant des taux d'intérêt bas. Ils installent le cadre économique des années futures : la politique budgétaire comme instrument privilégié avec comme objectif le plein-emploi, même au prix d'une accumulation de la dette ; la politique monétaire comme soutien à l'action budgétaire, notamment en faisant pression sur les taux d'intérêt pour que la charge de la dette soit la moins lourde possible. Certes, cela ne va pas sans débats. Des voix se font entendre à Washington sur les méfaits d'une inflation non maîtrisée. Un premier compromis se fait donc autour de la concurrence comme moyen privilégié d'éviter un enchaînement sans fin d'inflation. L'administration Carter se lance dans la libéralisation des transports aériens. En 1979, les monétaristes emportent une victoire imprévue avec la nomination de Paul Volcker à la tête de la Réserve fédérale. Mais cette victoire sera de courte durée. Il leur faudra très vite, comme le dira par la suite Nicholas Gregory Mankiw, conseiller économique de G.W. Bush dans les années 2000, « quitter Washington et regagner les universités ».

En 1978, l'Europe affronte les mêmes problèmes que les États-Unis. Mais, avec la mise en place effective du SME en mars 1979, elle adopte un cadre libéral-monétariste : changes fixes, politique monétaire partagée axée sur la stabilité des prix, lutte contre le chômage par plus de souplesse sur le marché du travail, politique budgétaire calée sur le cycle.

L'Europe choisit le McCracken du rapport ; les États-Unis, le McCracken qui conseillait Richard Nixon quand il préparait l'abandon de l'or et d'un système monétaire organisé. Les choix semblent opposés mais clairs. Néanmoins, en pratique, aux États-Unis, la Réserve fédérale mène une action de résistance monétariste jusqu'au départ de Paul Volcker. En Europe, la France va mener et, hélas, mène encore, une action de résistance discontinue qui se traduit par une accumulation de dépenses publiques financées à crédit. Les Allemands, à Brême, puis à Bonn, ont affiché leurs intentions libérales-monétaristes. Les Américains, malgré les ambiguïtés de Jimmy Carter, font de même : leurs intentions sont keynésiennes amendées. Quant aux Français, ils ont choisi de ne pas choisir, d'affirmer leur identité de vues avec les Allemands tout en cultivant des politiques et des discours prônant le « keynésianisme amendé ».

CHAPITRE 2

Raymond Barre, entre SME et chocs pétroliers 1978-1981

En mars 1979, le SME entre en vigueur. En mai, Margaret Thatcher devient Premier ministre britannique. Raymond Barre a été nommé Premier ministre à l'été 1976. L'Europe est en ordre de marche libéral-monétariste. Et pourtant, à Paris, la situation n'est pas aussi claire qu'on pourrait l'espérer.

Des débuts encore dirigistes : le professeur Barre à la manœuvre

Ancien commissaire européen, ancien membre de la commission McCracken, Raymond Barre a été présenté par Valéry Giscard d'Estaing comme le « meilleur économiste de France ». Comme pour mieux souligner ses talents, il le qualifie en outre de « Joffre de l'économie ». Dès sa nomination, le Premier ministre affiche ses objectifs : la baisse de l'inflation et l'équilibre structurel des finances publiques. Le 5 octobre 1976, il prononce à la tribune de l'Assemblée nationale le traditionnel discours de politique générale. Il y définit ses cinq priorités économiques :

> Retour à l'équilibre budgétaire et modération de la croissance de la masse monétaire ; action directe sur les prix, d'abord par leur gel temporaire, puis par la réduction de la taxe sur la valeur ajoutée et une hausse limitée des tarifs publics ; action sur la croissance des revenus nominaux par la fixation du principe du maintien du pouvoir d'achat, des rémunérations ; action sur la consommation d'énergie, pour faciliter le redressement de notre commerce extérieur ; initiations aux investissements et aux exportations pour soutenir la croissance.

Bien que libéral, Raymond Barre adopte une méthode keynésienne pour lutter contre l'inflation. Au lieu de laisser jouer la politique monétaire en augmentant les taux d'intérêt, dans l'urgence et sous la pression des services de la rue de Rivoli, restés keynésiens par tradition ou par paresse intellectuelle, il bloque les prix jusqu'à la fin de l'année 1976. Cette politique se prolonge et se complète en général par ce que l'on appelle une « politique de l'indice[1] ». C'est ainsi que Raymond Barre bloque les tarifs publics jusqu'à la mi-1977. Enfin, il décrète une baisse du taux de la TVA de 20 % à 17,6 %. Il complète ces mesures dirigistes sur les prix par une action sur la création de monnaie. Mais, là encore, il l'utilise selon une logique dirigiste puisqu'il procède à un encadrement du crédit. L'évolution annuelle des crédits bancaires est limitée à 13 %.

Les résultats, bien que lents à venir, sont positifs : le taux d'inflation passe de 9,6 % en 1976 à 9,1 % en 1978. En outre, en 1978, à la veille du deuxième choc pétrolier, la situation extérieure est rétablie : la balance courante dégage un excédent de 32 milliards de francs.

1. Une politique de l'indice consiste à utiliser les tarifs publics ainsi que les composantes des prix directement sous la responsabilité de l'État pour contenir la hausse de l'indice des prix.

Victoire électorale en 1978, deuxième choc pétrolier et orientation libérale-monétariste

L'année 1978 est non seulement marquée par de grands sommets internationaux mais aussi par des élections en France. Ces législatives sont les dernières, à ce jour, à avoir été remportées par un gouvernement sortant. Cette victoire, qui conforte Raymond Barre, permet de desserrer le carcan keynésien à un moment où le deuxième choc pétrolier remet en cause les résultats obtenus depuis 1976. Entre mi-1978 et fin 1981, le prix du pétrole est multiplié par 2,7. L'inflation due au prix des importations – l'« inflation importée » – bondit et la hausse des prix atteint 13,6 % en 1980.

En privé, Raymond Barre parle sans ambages : il faut prendre le taureau par les cornes. L'économie française s'enfonce dans une stagflation qui traduit, d'une part, un excès de demande (que confirme le déficit extérieur) et, d'autre part, des rigidités dans le système de production qui ne permettent pas de créer l'offre à même d'absorber cet excès de demande. Dans la lignée des conclusions du rapport McCracken, il considère que le vice fondamental de l'économie française est une trop grande rigidité dans la formation des salaires, qui a pour conséquence d'en déconnecter l'évolution de celle de leur productivité. Pour le Premier ministre, il faut réorienter la politique économique vers un durcissement de la politique monétaire et un assouplissement des règles régissant le marché du travail.

Le durcissement de la politique monétaire intervient dès 1979 à travers une augmentation significative des taux courts. Le taux à 3 mois passe de 8,2 % en moyenne sur l'année 1978 à 9,5 % en 1979. À la fin de l'année, il atteint 12,2 %. À la même époque, en Allemagne, il est de 9 %. Ce différentiel de taux, déstabilisant, reflète celui de l'inflation, qu'il faut réduire au plus vite car il est mortel pour le SME.

Chômage structurel

Si l'inflation est le problème principal, la population souffre de plus en plus du chômage. Raymond Barre considère que l'enjeu central du septennat à venir est de libérer le fonctionnement du marché du travail, afin que les salaires qui s'y forment reflètent la productivité de chacun. Il a d'ailleurs énoncé son diagnostic dès son discours de politique générale d'octobre 1976 : « La France, comme toutes les sociétés comparables, doit faire face à des problèmes d'emploi qui tiennent à plusieurs causes : l'aspiration au travail d'un nombre croissant de femmes, ce qui est légitime, la fuite des jeunes devant les emplois manuels ; l'inadaptation entre les offres et les demandes d'emploi, due à une formation initiale insuffisante. » Quelles sont les solutions qu'il propose ? « Le gouvernement entend conduire, au cours des prochains mois, trois séries d'actions : la poursuite de la revalorisation du travail manuel, et plus généralement de l'amélioration des conditions de travail ; la simplification et la déconcentration accrue de nos instruments d'intervention en matière d'emploi et de formation professionnelle ; la recherche d'une meilleure insertion dans la vie professionnelle de certaines catégories de demandeurs d'emploi, notamment les jeunes. »

La politique de l'emploi, ayant tourné le dos aux illusions de la relance, se veut structurelle. Raymond Barre essaie d'abord de limiter les dérives dans les différences entre évolution salariale et évolution de la productivité en agissant sur les salaires que contrôle directement l'État. C'est ainsi qu'il pèse sur le SMIC et sur l'évolution du « point fonction publique » qui aide à calculer les traitements des fonctionnaires. Mais il n'a pas les moyens politiques ni le temps d'aller au-delà. Aucune libération significative du marché du travail n'a lieu. En réalité, Raymond Barre est contraint pour l'essentiel de rejoindre ses prédécesseurs dans une politique de l'emploi marquée davantage par la conservation des emplois existants que par la mise en œuvre de réformes visant à en faire émerger de nouveaux. Le plus emblématique des dispositifs conservateurs est la nécessité, instaurée en janvier 1975, d'obtenir pour tout licenciement une autorisation administrative.

Devenue la bête noire du patronat, l'autorisation administrative de licenciement symbolise une approche des problèmes d'emploi reposant sur l'acceptation d'une césure du monde du travail : d'un côté, ceux qui ont un emploi et que l'on protège (les économistes parlent d'*insiders*) ; et de l'autre, ceux qui ont toutes les peines du monde à accéder à l'emploi (les *outsiders*). La France s'engage ainsi dans les années 1970 dans une logique de défense des *insiders*. Les blocages du marché du travail qui suivent ont comme conséquence indirecte que les difficultés se concentrent sur les populations où l'écart entre le salaire et la productivité est le plus perturbant.

Le cas le plus évident est celui des jeunes en quête d'un premier emploi. Les employeurs susceptibles de les recruter n'ont aucune information sur leur compétence, et donc sur leur productivité, autre que leur diplôme. Pour cette population dite de « primo-accédants à l'emploi », en théorie, deux cas de figure sont possibles : soit le système scolaire se montre très sélectif et très professionnalisant, fournissant ainsi aux entreprises un maximum d'informations et permettant de déterminer un niveau de salaire conforme aux capacités du jeune demandeur d'emploi ; soit, au contraire, le système scolaire est flou dans ses évaluations, distribuant sans trop d'exigence les diplômes et leur donnant un contenu imprécis, faisant porter sur les entreprises la charge d'évaluation des qualités du nouveau recruté. Dans le second cas, l'erreur de recrutement devient plus probable, si bien qu'il faut prévoir un code du travail souple donnant la possibilité de la réparer à moindre coût – donc définir des conditions de licenciement peu pénalisantes. Les situations où le système scolaire n'est pas sélectif et où les conditions de licenciement sont draconiennes conduisent les entreprises à faire preuve d'une extrême prudence dans leurs embauches de jeunes, ce qui se traduit par un niveau de chômage élevé parmi ceux-ci. Cette situation négative, où la protection par le droit du licenciement devient une punition des jeunes mal formés, est celle de la France.

Raymond Barre est le premier à devoir traiter le problème de l'emploi des jeunes. Son action s'incarne dans les « pactes pour l'emploi ». Trois « pactes » sont mis en place et organisés selon la séquence des années scolaires (1977-1978 ; 1978-1979 ; 1979-1980). Ils s'adressent aux jeunes entre 16 et 25 ans et, à partir du deuxième, aux femmes seules ayant charge de famille. Ils se développent en trois volets : « exonération de charges », « simplification du contrat de travail » avec la création de contrats à durée déterminée (CDD) de six mois, « formation » (où l'accent est fortement mis sur l'apprentissage).

L'idée que le chômage naît d'un problème de charges sociales commence à s'installer. Or, s'il y a du chômage, c'est que le prix du bien particulier qu'est le travail ne se détermine pas sur un marché. C'est-à-dire que la difficulté n'est pas le niveau des salaires mais la façon dont ce dernier est atteint, donc les modalités de la formation des salaires. Si le salaire se formait sur un marché sans entraves, il s'ajusterait en tant que prix du travail pour permettre un retour à l'équilibre, donc au plein-emploi. Puisque le prix du travail n'est pas le bon, la critique sur sa formation, au lieu de se centrer sur sa composante « charges sociales », devrait s'organiser autour de la dénonciation des entorses aux règles du marché. C'est l'enjeu des réformes structurelles. Il est commode de pointer du doigt les charges sociales dès lors que le salarié n'a pas conscience d'en bénéficier et pense que, si on les réduit, il ne sera pas pénalisé. Pourtant, ne nous y trompons pas : c'est lui qui sera victime de la détérioration des services de santé si on ne les paie pas à leur juste prix ; c'est lui qui subira la hausse de la TVA et perdra du pouvoir d'achat si on les remplace par une TVA dite « sociale », qui reste néanmoins la vedette récurrente des programmes électoraux. La réforme à mener concernant le coût du travail n'est pas de se focaliser sur une partie spécifique du salaire – le droit de se soigner ou de partir à la retraite – plutôt qu'une autre – le salaire net mis à la disposition directe du salarié. En revanche, on constate que le marché du travail tel qu'il était à l'époque, et tel qu'il est encore aujourd'hui, n'est pas un marché au simple sens économique du terme. C'est pour cela qu'il ne peut conduire à un équilibre : le plein-emploi.

Au final, le bilan de la politique de l'emploi des années Barre n'est guère reluisant : entre 1976 et 1980, le taux de chômage passe de 3,8 % à 5,3 %.

Persistance du dirigisme industriel

L'attitude défensive que Raymond Barre a adoptée sur les problèmes d'emploi se retrouve dans le domaine industriel. Promise par les experts de la période pompidolienne à un grand avenir industriel, la France subit, à la suite des chocs pétroliers, des bouleversements sectoriels violents dont elle a du mal à admettre l'ampleur. La crise industrielle, qui commence en 1975, ébranle fortement trois secteurs qui deviennent emblématiques : les charbonnages, d'abord, dont il est clair que, technologiquement dépassés, ils sont voués à une fin certaine ; le textile, ensuite, qui subit la concurrence étrangère ; la sidérurgie, enfin, qui n'a pas su se mettre à niveau en termes de productivité. En 1975, le fer entame sa descente aux enfers… Au point que, dans les années suivantes, pour caractériser les secteurs voués à des corrections violentes en termes d'emplois et d'activité, on parlera de « sidérurgie de demain ». Le cas de la sidérurgie est d'autant plus important qu'il s'agit d'un secteur hautement symbolique, pour deux raisons : depuis 1951, il est associé à la construction européenne ; par ailleurs, venue des pays communistes, la mythologie de la croissance par l'industrie fait de la quantité d'acier produite une mesure de la réussite économique.

En 1974, la production française d'acier atteint son maximum : elle culmine à 27 millions de tonnes. Après que les effectifs sont restés stables dans les années 1960, le secteur se met à les accroître à partir de 1970 au rythme de 5 % par an, pour atteindre 158 000 emplois en 1974. C'est alors que survient la récession de 1975. Cette année-là, les besoins en biens d'équipement et donc la consommation d'acier s'effondrent. Au niveau mondial, la demande chute de 16 %. En France, les installations tournent à 70 % de leur capacité. Dans tous les pays, on annonce que des sites de production doivent fermer et la France est en position de faiblesse. En effet, en 1974, un sidérurgiste français produit 175 tonnes d'acier, alors que son collègue allemand en produit 240, son collègue américain 250, et son collègue japonais 360.

Depuis la création de la Communauté européenne du charbon et de l'acier (CECA), l'avenir de la sidérurgie relève de Bruxelles. En 1975, le commissaire en charge du dossier est le Belge Étienne Davignon. Il essaie d'équilibrer les points de vue et de rapprocher Français et Allemands. Alors que les Allemands plaident la nécessité de fermer des hauts fourneaux, la France réclame des mesures protectionnistes. Au moment où les deux pays négocient la mise en place d'un lien monétaire fort, Jacques Chirac adopte une position de repli. Devenu Premier ministre, Raymond Barre amende les propositions françaises. Il accepte la suppression de 20 000 emplois et réduit les exigences de la France en termes de droit de douane sur les aciers importés. Pourtant, la situation ne s'améliore pas. En 1978, un nouveau plan « acier » prévoit la réduction des effectifs à 100 000 en 1980 et la recapitalisation des entreprises concernées par l'État et les établissements financiers qui en dépendent. En 1981, à la fin de la législature, un nombre significatif de salariés de la sidérurgie sont partis en préretraite à 55 ans, parfois même à 50 ans ; l'État contrôle directement (15 %) ou indirectement (70 %) l'essentiel du capital, sans pour autant que les problèmes soient résolus. La sidérurgie commence une carrière de figure imposée des campagnes électorales, qui n'est toujours pas achevée.

Prudence budgétaire

Quand on passe en revue le bilan de Raymond Barre, il est incontestable que les résultats sur l'inflation et le chômage sont mitigés. Mais il a au moins obtenu un réel succès : la maîtrise de la situation budgétaire. En 1980, les finances publiques sont à l'équilibre (le déficit est de 0,1 % du PIB). Cette situation doit s'apprécier sur l'ensemble des finances publiques, car le budget de l'État est en déficit de 30 milliards de francs. Cependant, ce déficit de l'État (qui représente 1,1 % du PIB) est compensé par l'excédent des autres administrations. C'est notamment le cas de la Sécurité sociale (le régime général de Sécurité sociale dégage en 1980 un excédent de 0,5 % du PIB).

Le Premier ministre attache une grande importance à l'équilibre des comptes sociaux. Il crée la Commission des comptes de la Sécurité sociale, dont il préside la première réunion le 27 juin 1979. Sa mission est de fournir aux pouvoirs publics un suivi régulier de la situation de la Sécurité sociale. Si l'équilibre des comptes sociaux lui paraît indispensable, c'est qu'il considère aberrant de reporter sous forme de dette une partie de la charge de santé de la génération présente sur la génération future, et, surtout, qu'il convient d'anticiper le vieillissement de la population en dégageant des excédents dans les régimes de retraite. Pour parvenir au maintien de l'équilibre des finances publiques, le gouvernement augmente fortement les prélèvements. Leur taux, qui était de 33,6 % l'année de l'élection de Valéry Giscard d'Estaing, est de 40,1 % en 1980. La Sécurité sociale, dont le poids passe pendant cette période de 13 % du PIB à 17,4 %, explique l'essentiel de cette augmentation. En effet, simultanément, certains impôts ont été réduits, puisque le taux de TVA est abaissé en 1977 de 20 % à 17,6 %. Face à cet alourdissement, certains commentateurs se plaisent à rappeler qu'une des sentences favorites de Giscard d'Estaing est que, au-delà de 40 % de prélèvements, le pays serait devenu « socialiste »… L'histoire viendra ironiquement concrétiser ce diagnostic à ses dépens en 1981.

Le quasi-équilibre des finances publiques a comme conséquence une stabilité du poids de la dette dans le PIB, une stabilité qui est en outre facilitée par l'inflation. Ce que l'on appelle le « solde primaire des finances publiques », la comparaison des impôts et des dépenses hors charge d'intérêt, est largement positif pendant la période Barre. En outre, le taux d'intérêt moyen sur la dette, obtenu en faisant le rapport entre la charge d'intérêt et le montant de la dette, est nettement inférieur au taux de croissance en valeur de l'économie. En 1980, ce taux est de 6,2 % quand la croissance en valeur est de 13,5 %. Enfin, on peut constater que le déficit structurel est quasi nul (– 0,5 % du PIB). La France aborde donc les années 1980 avec un endettement public faible (21 % du PIB).

Esquisse d'un bilan du « barrisme »

Par tempérament, Raymond Barre est libéral-monétariste, même si ses écrits économiques expriment des réserves sur le monétarisme au sens strict du terme, notamment dans sa version « friedmanienne ». Pourtant, il a dû subir l'étrange loi des débuts keynésiens. En effet, dans sa lutte contre l'inflation, il a commencé par un contrôle des prix. Après 1978, il a organisé la montée en puissance de la politique monétaire, mais n'a pas eu le temps d'aller jusqu'au bout. Sur le chômage et les mutations industrielles, il a agi dans l'urgence, bricolant des réformes dans un contexte politique de plus en plus défavorable. Sa gestion des finances publiques est nettement positive.

Annexes

Tableau 1. Les années Raymond Barre

%	**1976**	**1977**	**1978**	**1979**	**1980**
Taux d'inflation	9,6	9,4	9,1	10,8	13,6
Taux de chômage	3,8	4,3	4,5	5	5,3
Taux de croissance	4,3	3,5	4	3,6	1,6
Déficit public	– 1,4	– 0,9	– 1,6	– 0,2	– 0,1
Déficit structurel				– 1,1	– 0,5
Déficit extérieur	– 1,4	– 0,6	0	– 0,6	– 2,1
Évolution des termes de l'échange	103,5	101,5	105,8	104,3	97,5

Source : INSEE.

Commentaire : le taux d'inflation est l'augmentation du niveau général des prix en glissement, c'est-à-dire de décembre à décembre ; le taux de chômage est le rapport entre le nombre de chômeurs au sens du BIT et la population active ; le déficit public est défini par le besoin de financement des administrations publiques ; le déficit structurel est le déficit hors conséquences des évolutions conjoncturelles dues au cycle économique. Il doit tendre vers 0 ; le déficit extérieur est mesuré par le besoin de financement de la nation, notion proche du déficit des paiements courants ; les termes de l'échange mesurent l'évolution du rapport entre les prix à l'export et les prix à l'import, la base 100 étant 2010. On voit qu'au lendemain du premier choc pétrolier en 1976, la situation a été en partie rétablie. Mais le deuxième choc pétrolier abaisse à nouveau les termes de l'échange.

TABLEAU 2. Évolution du pouvoir d'achat du SMIC et du point fonction publique (1975-1980)

%	**1975**	**1976**	**1977**	**1978**	**1979**	**1980**
SMIC	6,6	4,7	2,9	3,3	– 1,7	– 1,8
Point fonction publique	5	1,6	0,5	1,2	– 0,9	– 0,4

Source : OCDE, *in* Philippe Askenazy, *Les Décennies aveugles. Emploi et croissance (1970-2010)*, Paris, Seuil, 2011.

COMMENTAIRE : les pertes de pouvoir d'achat des années 1979 et 1980 sont liées à l'accélération imprévue de l'inflation consécutive au choc pétrolier.

CHAPITRE 3

Vocabulaire marxiste, programme keynésien, correction monétariste

1981-1984

En 1978, la désunion de la gauche, survenue en septembre 1977, a permis à la coalition, pourtant déjà « branlante », du RPR et de l'UDF de gagner les élections législatives. En 1981, malgré un pronostic initial favorable pour Valéry Giscard d'Estaing, la fin de cette coalition et l'envie de « voter contre la crise », pour reprendre son expression de Verdun-sur-le-Doubs, changent la donne. Le 10 mai 1981, François Mitterrand est élu président de la République et les socialistes reviennent au pouvoir après vingt-trois années d'opposition[1].

Rupture avec la culture d'opposition, compromis historique avec le pouvoir

Le parti socialiste de 1981 n'est plus celui de 1958. En 1958, il s'appelle la SFIO (Section française de l'Internationale ouvrière), sigle prestigieux mais que la pratique gouvernementale a terni. En 1981, le parti socialiste entretient une

1. Guy Mollet a accompagné le général de Gaulle dans ses réformes de 1958, mais il a rejoint l'opposition dès 1959.

alliance tumultueuse avec le parti communiste qui rejoint le gouvernement après les législatives de juin, alors que Guy Mollet, premier secrétaire de la SFIO, est un anticommuniste militant qui répète que le parti communiste n'est ni à gauche ni à droite, mais à l'Est… En 1958, la SFIO se veut réformiste alors que le parti socialiste de 1981 parle de révolution. Lorsqu'il en devient le premier secrétaire en 1971, au congrès d'Épinay, Mitterrand annonce qu'il inscrit son action dans une logique de « rupture », non seulement politique, mais encore économique, c'est-à-dire une logique de « rupture avec le capitalisme ».

Si le parti socialiste de 1981 a un vocabulaire marxiste, son programme économique reste keynésien. Il parle de « changer la vie », mais envisage de mener une politique de « relance redistributive » inspirée des travaillistes anglais des années 1950-1960. Au sein des célèbres « 110 propositions » faites pendant la campagne, la partie économique concerne les propositions 14 à 43. Il y est question de recrutement dans la fonction publique, de relance, mais aussi de défense du franc, et enfin d'un peu de protectionnisme mal assumé qui prévoit de ramener la part du commerce extérieur dans le PIB à moins de 20 % en 1990 (contre 25 % en 1980).

Sur ces bases, Pierre Mauroy, le nouveau Premier ministre, engage une politique assise sur trois piliers : une politique de relance visant à une redistribution des revenus ; une extension du champ d'action de l'État à travers des nationalisations ; une action dirigiste sur les problèmes de l'emploi, passant par la réduction de la durée du temps de travail et l'augmentation du nombre d'emplois publics. Dans son discours de politique générale, Mauroy émet en outre des considérations sur sa méthode : « Cette démarche, que je viens d'inscrire dans la durée, sera conduite dans la rigueur. » Il introduit ainsi dans son vocabulaire politique le mot « rigueur » dont il fera par la suite abondamment usage au point de finir par en faire le mot clé de son action. Pour l'heure, l'humeur est à la relance.

Relance redistributive, nationalisations, 39 heures

Dès juillet 1981, le Parlement vote une augmentation des dépenses publiques de 11 milliards de francs, creusant le déficit de 4 milliards. En novembre, 19 milliards de dépenses supplémentaires sont votés. Quant au budget de 1982, il est construit sur une augmentation des dépenses de 27,5 % par rapport au dernier de Raymond Barre. Comme une partie seulement de cette augmentation est compensée par des recettes, le déficit est en forte progression. En 1982, il atteint 2,8 % du PIB.

Cette relance ne s'inscrit pas dans une logique de creusement du déficit conjoncturel. Elle se veut structurelle. D'abord, elle repose sur une augmentation massive des dépenses de toute nature, elle a donc un impact durable. Alors que les mesures de 1975 étaient éphémères, celles de 1981-1982 sont de longue durée. Ainsi, entre 1981 et 1983, 240 000 emplois supplémentaires sont créés dans le secteur public. La moitié de l'effort de relance porte sur des augmentations de revenu, soit par des hausses du salaire minimum, soit par des hausses des prestations sociales, dont les conséquences se prolongent dans le temps. Ensuite, la relance se veut redistributive : le SMIC est relevé en pouvoir d'achat de 4,6 % en 1981, soit une augmentation sur une base annuelle de 5,2 % ; l'allocation logement grimpe de 25 % en juillet 1981 et de 20 % en décembre ; au total, les prestations sociales progressent, en termes réels, de 5 % en 1981 et 7 % en 1982. Simultanément, les impôts sur les plus aisés sont accrus, avec notamment la création de l'impôt sur les grandes fortunes (IGF), première mouture de l'ISF. Il touche 1 % des foyers fiscaux et devient un des marqueurs de la politique de gauche, avant de devenir un des fardeaux des gouvernements de droite. Entre les hausses de prestations et l'augmentation du SMIC, les ménages reçoivent 30 milliards de francs par an qui vont normalement vers les plus défavorisés, tandis que les hausses d'impôts qui touchent les plus aisés représentent 9 milliards de francs.

Le deuxième axe porte sur les nationalisations. L'État récupère la propriété de cinq sociétés industrielles parmi les plus importantes du pays (CGE, Pechiney, Rhône-Poulenc, Saint-Gobain et Thomson), de trente-neuf banques et de deux compagnies financières (Paribas et Suez). D'autres dispositifs lui permettent de prendre le contrôle de plusieurs autres sociétés, dans des secteurs en crise comme la sidérurgie (Usinor et Sacilor, par conversion de créances en actions) et dans des industries de pointe ou de technologie avancée, par des prises de participations ou le rachat de filiales (Matra, Dassault, Bull, filiales d'ITT en France). En 1980, 1 088 000 personnes travaillent dans une entreprise publique, soit 6 % de l'emploi salarié ; en 1983, ce sont 1 852 000 personnes, soit 10,3 % de l'emploi salarié. Ces nationalisations sont justifiées par leurs défenseurs non seulement par des arguments de nature idéologique sur les bienfaits de l'« appropriation collective des moyens de production », mais également par l'affirmation d'un certain volontarisme industriel. Une partie de la nouvelle majorité théorise la nécessité d'une reconquête du marché intérieur. C'est le cas de Jean-Pierre Chevènement, qui devient ministre de l'Industrie en juin 1982 et qui voit dans le secteur public le « fer de lance de l'investissement ».

Le troisième axe est la réduction du temps de travail. Elle est présentée comme un outil de lutte contre le chômage et prend trois formes : d'abord, le passage de la semaine de 40 heures à 39 heures sans réduction de salaire ; ensuite, l'octroi d'une cinquième semaine de congés payés ; enfin, la baisse de l'âge de départ à la retraite[1] combinée à une extension des dispositifs de départ en préretraite. Une des caractéristiques du passage aux 39 heures est qu'il ne doit pas se traduire par une baisse du revenu des salariés.

En termes d'emploi, le bilan des 39 heures est négligeable. Les experts multiplient les études pour arriver à une estimation de 10 000 à 40 000 créations d'emplois, soit largement moins que le nombre d'emplois publics créés.

Relance et SME ne font pas bon ménage

La relance de 1981 conduit aux mêmes résultats que celle de 1975 : déficit extérieur accru et insoutenable, déformation de la valeur ajoutée au détriment des entreprises et donc de l'investissement et de la croissance future, forte inflation. Une des erreurs majeures de diagnostic de la nouvelle équipe est d'avoir ignoré le déficit extérieur de la France (2,1 % du PIB en 1980). Comme le disait Raymond Barre, « la France vit au-dessus de ses moyens ».

Certes, on peut avancer que le choc pétrolier est la cause principale de cette situation. Mais cette dernière ne peut que s'aggraver avec la relance. Au plan macroéconomique, un déficit extérieur signifie que les dépenses de la population dépassent les capacités productives du pays, c'est-à-dire que la population n'épargne pas assez ou, dit autrement, qu'elle consomme trop. Or, la relance de 1981 amplifie cet excès de consommation. Par conséquent, le besoin de financement de la nation (c'est-à-dire le déficit extérieur) passe de 2,1 % du

1. C'est une ordonnance du 25 mars 1982 qui abaisse l'âge de départ à la retraite de 65 à 60 ans.

PIB en 1980 à 4 % en 1982. En 1982, le déficit de la balance commerciale *stricto sensu* dépasse le chiffre symbolique de 100 milliards de francs. Accentuée par la hausse du dollar[1], qui ne cesse d'augmenter sous l'action de Paul Volcker, l'alourdissement de la facture pétrolière est spectaculaire. Elle atteint 178 milliards de francs en 1982. Mais elle n'explique pas tout. Le déficit commercial vis-à-vis de l'Allemagne passe de 23 milliards de francs en 1981 à 39 milliards en 1982. Les critiques commencent à se faire entendre à Paris contre une Allemagne égoïste profitant cyniquement de la relance française. Mais l'Allemagne accuse la France de faire « cavalier seul ». À peine deux ans après la naissance du SME, cette relance s'oppose à la logique monétaire européenne. Le franc va faire les frais de cette opposition.

En mars 1979, au début du SME, le deutsche mark vaut 2,30 francs. Fin décembre 1980, le taux de change est stable, 1 deutsche mark équivalant à 2,32 francs. À partir de février 1981, quand les sondeurs commencent à envisager la victoire de François Mitterrand, une phase de dépréciation débute qui porte ce taux à 2,37 le 10 mai. Pour enrayer le phénomène, la Banque de France augmente ses taux jusqu'à 20 %. Elle intervient également sur le marché des changes en rachetant les francs qui cherchent à quitter le pays. Pour cela, elle puise dans ses réserves. Entre le 1er février et le 10 mai 1981, elle dépense 5 milliards de dollars. L'élection de Mitterrand accentue la pression : entre le 11 et le 15 mai, 3 milliards de dollars sont déboursés. Le 21 mai, dans la voiture qui les conduit au Panthéon où le nouveau président a décidé de marquer son entrée en fonction, Pierre Mauroy explique à François Mitterrand qu'il serait sage de dévaluer. Ce dernier,

1. Il passe de 5,44 francs en moyenne en 1981 à 7,61 francs en moyenne en 1983.

montrant la foule rassemblée, lui répond qu'on ne dévalue pas un jour pareil... Pourtant, il faudra s'y résoudre, début octobre[1], quand les premières mesures de relance dégradent les comptes extérieurs. La dévaluation est de 3 %, conduisant à un cours du mark de 2,50 francs. C'est davantage une dévaluation de « témoignage » que de redressement, car aucune mesure spéciale ne l'accompagne. Rien n'est fait qui puisse contenir l'inflation, qui continue et est même encore accrue par le renchérissement du coût des importations.

À l'automne 1981, la France garde le secret espoir que ses partenaires la rejoindront dans la relance. Elle dépose à Bruxelles, dans la foulée de la dévaluation du franc, un *Mémorandum sur la relance européenne*. Premier d'une longue série de documents appelant les partenaires de la France à augmenter leurs salaires et leurs dépenses publiques, il ne suscite qu'agacement à Bonn et sarcasmes à Londres. La France essaie encore de forcer le destin au G7 de Versailles du 4 au 6 juin 1982. Elle demande à nouveau que les grands pays mènent une politique coordonnée de relance budgétaire. Mais c'est se tromper d'époque, nous ne sommes plus en 1975, au temps de la « stratégie des locomotives » de l'OCDE. La France n'obtient rien et, le 12 juin, le franc est dévalué de 5,75 %. La correction de trajectoire économique paraît désormais inévitable, d'autant que des proches de Mitterrand lui rappellent le destin des travaillistes anglais en 1976, obligés de faire appel au FMI pour « boucler les fins de mois ».

---

1. « Ni déflation, ni dévaluation » était déjà le mot d'ordre du Front populaire en mai 1936. Le 1er octobre 1936, il avait fallu dévaluer et modifier la valeur du franc exprimée en poids d'or. En 1981, la dévaluation ne se fait pas par rapport à l'or, sorti entre-temps du système monétaire, mais par rapport au mark. Et la date n'est pas le 1er octobre mais le 4 : Mitterrand a tenu plus longtemps que Blum !

La rigueur ou « l'austérité plus l'espoir »

Le changement de trajectoire apparaît dès le printemps 1982. Le 16 avril, Pierre Mauroy reçoit Yvon Gattaz, président du CNPF, le syndicat patronal – et accessoirement le père de Pierre Gattaz, qui deviendra président du MEDEF, le successeur du CNPF, en juillet 2013. L'ambiance est détendue. Le Premier ministre annonce le maintien du barème des cotisations sociales pour une durée minimale d'un an, une baisse de la taxe professionnelle de 10 milliards de francs et l'arrêt à 39 heures du processus de réduction du temps de travail.

Le 9 juin 1982, François Mitterrand tient une conférence de presse où il annonce qu'il faut « digérer » les réformes et stabiliser la situation budgétaire. Dans la foulée, il est décidé à imposer un blocage des prix et des salaires à compter du 11 juin 1982, jour de la dévaluation du franc. Ce blocage est temporaire et doit être levé en novembre. Outre le blocage des prix et des salaires, cette première rigueur prévoit une augmentation de 0,5 point de la cotisation salariale de l'assurance chômage, à partir du 1er novembre 1982. Les fonctionnaires sont également mis à contribution. Bien que n'ayant pas vocation à s'assurer contre le chômage, ils doivent acquitter, à partir de novembre, une contribution dite de « solidarité » de 1 %, dont le produit est reversé à l'Unedic. En outre, leur taux de cotisation retraite est augmenté d'un point. Mais dès la sortie du blocage, les prix reprennent leur course folle, entraînant les salaires. Entre janvier 1982 et janvier 1983, malgré le blocage, les salaires augmentent en glissement de 12,6 %.

Il faut désormais choisir entre recourir aux instruments plus classiques de la lutte contre l'inflation (la contraction des dépenses publiques et une politique monétaire restrictive) ou accepter un enchaînement d'inflation et de dévaluation dont la conséquence serait une rupture avec l'Europe et l'abandon du SME. Le 24 mars 1983, le choix est fait : l'alignement de la France sur les autres pays dans sa lutte contre l'inflation. La politique de « rigueur » commence officiellement. C'est Pierre Mauroy qui qualifie ainsi la nouvelle politique économique. Lorsqu'il commente ses décisions pour un grand quotidien du soir, il se voit reprocher de mener la même politique d'austérité que Raymond Barre. Il affirme sa différence en déclarant que l'austérité est de droite, et la rigueur de gauche. Il précise même : « La rigueur, c'est l'austérité plus l'espoir. »

Élu en 1981 sur un discours marxisant et un programme keynésien, François Mitterrand engage en 1983 une correction monétariste. Cette capitulation devant le réel heurte ses partisans. Certains s'y opposent et plaident pour la poursuite de la politique de relance et la rupture avec le SME : ce sont les « visiteurs du soir ». Tandis que Pierre Mauroy, Jacques Delors, le ministre de l'Économie et des Finances, et Jean Peyrelevade, directeur adjoint du cabinet du Premier ministre, se font les défenseurs de la rigueur budgétaire, Pierre Bérégovoy, alors ministre des Affaires sociales, Laurent Fabius, ministre du Budget, Jean-Pierre Chevènement, ministre de l'Industrie, et Antoine Riboud, grand patron à la tête de BSN-Gervais Danone et ami proche de François Mitterrand, soutiennent la poursuite de la relance, accompagnée d'une sortie du SME et d'un durcissement du contrôle des changes. Dans l'entourage de Jacques Delors, on les appelle les « Albanais », en référence à l'autarcie économique et à l'isolement politique qui caractérisent l'Albanie de l'époque.

Pour aider Mitterrand à trancher entre Mauroy-Delors et les Albanais, Jacques Attali, son « conseiller spécial », organise des rencontres avec des économistes reconnus. Agacé de leurs contradictions, le président répète qu'il en sait autant que bien des experts. Il déclare avoir assimilé que la politique économique se résumait en trois mots : « essence, tabac, alcool ». Il dit avoir constaté, tant comme ministre de la IVe République que comme président de la Ve, qu'après de longs développements, les hauts fonctionnaires du ministère des Finances, quels que soient leur degré de connaissances économiques et leurs prétentions affichées, finissent toujours par déclarer que la solution aux problèmes passe par un redressement budgétaire, qui lui-même passe par une augmentation des prix de l'essence, du tabac et de l'alcool.

Si, en mars 1983, Mitterrand choisit Mauroy-Delors, c'est parce que la politique de 1981 a échoué. Les raisons en sont multiples : les conséquences du deuxième choc pétrolier ; la politique monétaire de Paul Volcker qui, outre une forte appréciation du dollar conduisant à un alourdissement supplémentaire de la facture pétrolière, diffuse à la surface de la planète une hausse spectaculaire des taux d'intérêt (le premier emprunt à long terme que lance le gouvernement en 1981 se fait au taux de 18,5 %) ; un net ralentissement des gains de productivité par salarié, encore aggravé par la baisse de la durée du travail.

Mais, en réalité, c'est surtout parce que le président français change la nature même de son projet politique à long terme.

L'Europe, nouvel horizon de la gauche de gouvernement devenue libérale-monétariste

François Mitterrand opte pour une nouvelle approche : l'intégration européenne. Elle passe par le maintien dans le SME, qui impose un ralliement au libéral-monétarisme. Or, ce ralliement heurte les traditions et les conforts intellectuels de la classe politique, pas seulement à gauche. Celui qui exprime le mieux la difficulté à s'adapter est Lionel Jospin, premier secrétaire du parti socialiste. Comme pour se rassurer, il qualifie de « parenthèse » la nouvelle politique économique. Au sein de son parti, le CERES, l'aile gauche animée par Jean-Pierre Chevènement, qui manifeste depuis toujours une réelle hostilité à la construction européenne – dénonçant l'« Europe germano-américaine » et rêvant de protectionnisme au nom de la lutte contre les multinationales –, entre en dissidence. Mitterrand, qui traite les leaders du Ceres de « faux léninistes et vrais petits-bourgeois », s'affranchit de leur opposition. Chevènement en tire les conséquences et quitte une première fois le gouvernement en 1983, avant que les communistes ne quittent à leur tour le navire en 1984 (obligeant le président à tout faire pour que Jean-Pierre Chevènement réintègre le gouvernement).

François Mitterrand substitue à un idéal de transformation sociale flou et au discours grandiloquent sur la rupture avec le capitalisme un nouvel idéal qui paraît à la fois plus concret et moins hasardeux : celui de la construction européenne. Après avoir abandonné, sur un plan pratique, le keynésianisme en 1982, il abandonne sur le plan théorique le socialisme en 1983. Certes, il répète à l'envi que l'on ne sort de l'ambiguïté qu'à son détriment, et laisse vivre l'idée de la « parenthèse ». Mais il est facile de voir qu'il ne s'agit nullement de cela, mais bien d'un renoncement salvateur à un programme et à des idées dont 1981 a confirmé qu'ils étaient des chimères. Mettant un terme aux illusions sur la capacité d'un parti politique à changer – sans drames – la vie, Mitterrand fait de l'enjeu européen le fondement d'une nouvelle démarche de la gauche de gouvernement. Les mots qui rythment son action ne sont plus « relance par la consommation populaire », « rupture » ou encore « autogestion », mais « désinflation compétitive », « franc fort » et « rigueur ». Comme libéré d'une idéologie socialiste dont beaucoup se demandaient si elle était réellement la sienne, il ne reviendra plus en arrière.

La rigueur en action

Si la rigueur de 1983 s'inscrit dans une nouvelle logique de long terme ancrée sur l'Europe, elle répond également à l'urgence du rétablissement des comptes extérieurs. Elle comporte d'abord une nouvelle dévaluation, la troisième depuis l'élection de François Mitterrand. Ce dernier obtient symboliquement qu'une partie de la dévaluation soit présentée comme une réévaluation du mark. Le 1er avril 1983, le mark vaut 3 francs. Le franc a perdu 30 % de sa valeur en deux ans, dans un système monétaire qui se veut de change fixe et qui cherche à stabiliser le cours des devises des pays qui le constituent. La France a été obligée de se soumettre pour ne pas avoir à se démettre sur le plan européen. Pour que ce ne soit pas une humiliation, il lui appartient de reprendre la main sur le plan politique, et Mitterrand va s'y employer. Les partenaires européens saluent le retour de l'enfant prodigue, d'autant que celui-ci prend l'engagement de réduire son inflation et de ne plus dévaluer.

Enfant prodigue assagi mais dont la prodigalité ancienne se retourne contre sa population. En effet, la baisse de la demande, qui est l'objectif des mesures de rigueur, atteint 60 milliards de francs. La ponction spécifique sur les ménages monte à 33 milliards de francs, ce qui va au-delà des montants qu'ils avaient reçus au titre de la relance. Le « tournant de la rigueur » annule la relance. On comprend pourquoi il faut un discours fort pour le justifier : c'est celui du retour au bercail bruxellois. La rigueur de 1982 rappelle les débuts dirigistes de Raymond Barre en 1976. La rigueur de 1983 rappelle le

Barre de l'année 1979. Pour se débarrasser de l'inflation, la politique des revenus d'essence keynésienne est abandonnée et on recourt à une politique monétaire restrictive, semblable à celle que mènent les États-Unis sous la houlette de Paul Volcker ou la Grande-Bretagne de Margaret Thatcher, et à une politique budgétaire « austéritaire ».

Concrètement, la rigueur de 1983 s'organise selon trois priorités : le rétablissement de l'épargne, la réduction du déficit budgétaire et le ralentissement du crédit. Souvent ignorée dans les commentaires, l'action sur l'épargne est majeure car le déficit extérieur dont souffre la France traduit un arbitrage inefficace entre la consommation et l'épargne. La rémunération des plans épargne logement est portée de 9 à 10 %. Une épargne forcée sous forme d'un emprunt obligatoire de 10 % de l'impôt sur le revenu, touchant les contribuables qui paient plus de 5 000 francs d'impôt, est mise en place. Cet emprunt, mobilisé dès la fin du premier semestre 1983, rapporte 14 milliards. La réduction du déficit budgétaire combine un prélèvement exceptionnel de 1 % sur les revenus (qui rapporte 13 milliards) et une baisse des dépenses de 24 milliards. Simultanément, les tarifs publics sont augmentés, prélevant 6 milliards supplémentaires sur les ménages. Enfin, la croissance de la masse monétaire est limitée à 9 %. Un objectif pour la Banque de France qui doit prendre les mesures qui s'imposent, alors que les prévisions portent sur une augmentation de 10 %. On abandonne le dirigisme ancien de l'encadrement du crédit pour laisser les coudées franches à une Banque de France qui n'est pas encore indépendante, comme son homologue allemande, et dont on se met à penser qu'elle devrait l'être. L'enjeu est d'atteindre 8 % d'inflation en rythme annuel au dernier trimestre de 1983, alors que son taux a été de 11,6 % en 1982.

Cependant, pour les Français, deux mesures symbolisent la nouvelle orientation. La première est la promotion de Jacques Delors. En mars 1983, Mitterrand remanie le gouvernement. Il lui faut une nouvelle équipe pour assumer la rigueur et montrer qu'il a compris le message de la défaite que vient de subir la gauche aux élections municipales[1]. Après avoir hésité, il maintient Pierre Mauroy à Matignon. La grande nouveauté est que Delors, qui était 17e dans l'ordre protocolaire du précédent gouvernement, est désormais le numéro 2. Représentant de l'aile modérée du PS, ancien conseiller social du gaulliste Jacques Chaban-Delmas à Matignon à la fin des années 1960, Européen convaincu, il est l'homme de la rigueur et le total opposé des « Albanais ». La seconde mesure est la création du carnet de change. Celui-ci limite les dépenses des Français désireux de se rendre à l'étranger à 2 000 francs pour toute l'année. Les Français qui se trouvent ainsi entravés dans leur possibilité de voyager n'avaient probablement pas compris en 1981 que c'est de cette manière qu'on allait « changer la vie ».

1. Avec 47 % des voix, la gauche perd 31 villes de plus de 30 000 habitants.

Annexes

Tableau 1. Écart entre le déficit budgétaire (déficit de l'État) voté en loi de finances initiale et le déficit final constaté en loi de règlement

	1975	**1976**	**1977**	**1978**	**1979**	**1980**	**1981**	**1982**	**1983**
(1)	– 4	– 5	– 6	– 9	– 15	– 31,2	– 29,4	– 95,4	– 118
(2)	– 38,2	– 20,2	– 18,3	– 34	– 38	– 30,3	– 81	– 99	– 134
(3)	– 2,6	– 1,2	– 1	– 1,6	– 1,5	– 1,1	– 2,6	– 2,7	– 3,2

(1) Déficit voté en LFI. Montant exprimé en francs courants.

(2) Déficit réalisé en exécution.

(3) Poids du déficit budgétaire réalisé dans le PIB en %.

TABLEAU 2. Déficit ou excédent des finances publiques (1974-1983)

	1974	1975	1976	1977	1978	1979	1980	1981	1982	1983
(1)	0,3	– 2,7	– 1,4	– 0,9	– 1,6	– 0,2	– 0,1	– 2,2	– 2,8	– 2,5
(1 bis)	0,4	– 2,6	– 1,2	– 1	– 1,6	– 1,5	– 1,1	– 2,6	– 2,7	– 3,2
(2)	0,6	0,6	0,9	1	1,1	1,2	1,3	1,8	1,8	2,3
(3)	33,6	33,9	35,4	37,3	37,5	39,3	40,1	40,4	41	41,9
(4)	13	13,4	14,8	15,3	15,9	16,9	17,4	17,3	17,9	18,3
(5)	14,5	16,2	16	18	21	21	21	22	25,3	26,5

Source : INSEE.

(1) Déficit public en % du PIB.

(1 bis) Déficit de l'État en % du PIB.

(2) Charge d'intérêt (isolée pour pouvoir passer du déficit au déficit primaire).

(3) Taux de prélèvement obligatoire.

(4) Poids de la Sécurité sociale mesuré par le rapport entre les cotisations sociales et le PIB.

(5) Ratio dette publique/PIB au 31 décembre de l'année considérée.

CHAPITRE 4

Franc fort et Francfort
1984-1986

La politique de rigueur atteint ses objectifs dès 1986, année où les comptes extérieurs sont équilibrés. Le contre-choc pétrolier, amplifié par le redressement du franc par rapport au dollar et les résultats bénéfiques de la politique de 1983, y contribue. Mais la rigueur de 1983 n'est pas que le simple stop d'un *stop and go* comme l'a connu la Grande-Bretagne dans les années 1960, la parenthèse qu'annonçait Jospin dans la marche triomphante du socialisme à la française vers la fin du capitalisme. C'est la fin d'une époque, le renoncement d'une équipe, celle qui dirige le parti socialiste, à un programme et, au-delà, à une idéologie. On pourrait dès lors espérer que la France, assumant les nécessités libérales-monétaristes, va entreprendre la remise en ordre de son économie. De fait, Laurent Fabius, nommé Premier ministre en juillet 1984, s'y attelle. Hélas, rien ne sera acquis.

Le chemin de Damas libéral-monétariste des « Albanais »

Pierre Mauroy quitte Matignon le 17 juillet 1984, emporté par la lassitude, la fatigue et les manœuvres alambiquées de

François Mitterrand. En effet, le président cherche à se sortir du guêpier de la réforme de l'enseignement mise en place par le projet de loi dit « Savary », le ministre de l'Éducation nationale de l'époque. Cette sortie passe par un discours très subtil à propos du « référendum sur le référendum » qui sert à masquer la capitulation du pouvoir sur le dossier éducatif et sur sa volonté de mise en tutelle plus stricte de l'enseignement dit « libre ». L'abandon d'un des derniers totems idéologiques de la gauche est mis à profit par Mauroy pour tirer sa révérence. Dans la foulée, Jacques Delors quitte la rue de Rivoli pour la présidence de la Commission européenne.

Le tandem que constituaient Mauroy et Delors, s'appuyant sur des collaborateurs de talent comme Jean Peyrelevade à Matignon ou Philippe Lagayette, directeur de cabinet du ministre de l'Économie et des Finances, a évité à la France l'humiliation du FMI, le repli mortifère sur le protectionnisme et l'explosion de la construction européenne. Il a, contre vents et marées, c'est-à-dire contre les dirigeants les plus exaltés de son parti, remis le pays dans le sillon libéral-monétariste tracé par Raymond Barre et Valéry Giscard d'Estaing. Tout se passe en 1984 comme si, ayant accompli leur mission, Pierre Mauroy et Jacques Delors pouvaient poursuivre sous d'autres cieux leur vie à la fois militante et personnelle[1]. Ironie de

1. Parmi les livres qui ont été consacrés au passage de Pierre Mauroy à Matignon, nous recommandons la lecture de *La Vie quotidienne à Matignon au temps de l'Union de la gauche*, de Thierry Pfister (Hachette, 1985). L'auteur, ancien journaliste, fut le conseiller du Premier ministre durant cette période. Le point de vue de l'« autre politique » s'est souvent exprimé de façon caricaturale dans des textes accusant Mitterrand, Mauroy et Delors d'avoir trahi. Sur les politiques des gouvernements socialistes dans les années 1960-1970, sur ce qu'aurait pu faire la gauche en 1981-1983 et ce qu'aurait pu être l'autre politique, les meilleurs textes sont ceux de Serge-Christophe Kolm. On pourra consulter deux livres : *La Transition socialiste* (Éditions du Cerf, 1977) et *Sortir de la crise* (Hachette, 1991).

l'histoire, ils transmettent les rênes à ceux qui furent parmi leurs plus actifs adversaires en 1982 et qui furent les leaders les plus pressants du camp des « Albanais ». Mais ceux qui s'emparent du pouvoir sont désormais sur leur ligne. C'est ainsi que Laurent Fabius s'installe à Matignon à l'été 1984 et Pierre Bérégovoy rue de Rivoli.

Laurent Fabius est l'archétype du haut fonctionnaire brillant qui, après Normale sup' et l'ENA, s'est engagé en politique. Membre de premier plan du cercle des mitterrandistes, il dirige le cabinet de François Mitterrand à partir de 1978. Il a lui-même relaté son accession à ce poste : « Mitterrand m'a dit : "Accepteriez-vous d'être mon directeur de cabinet ?" J'ai répondu "Oui" tout de suite. Et là, il a ajouté : "Au fait, je n'ai pas de cabinet..." ! » Il se fait réellement connaître du grand public au congrès de Metz du parti socialiste en 1979. Il est un des mitterrandistes en charge de répondre au discours de Michel Rocard qui demande à ses camarades de parti de ne pas ignorer les lois de l'économie et de reconnaître les avantages du marché. Il lâche une formule devenue célèbre : « Entre le plan et le marché, il y a le socialisme ! » Prononcée sur un ton de prédicateur religieux, la phrase devient une des références pour tous les exégètes de la pensée et de la carrière de Laurent Fabius. Il faut néanmoins constater que, malgré son brio, elle n'a guère de sens ; cette grandiloquence définit en fait assez bien la démarche de son auteur pour qui on peut considérer que, par-delà le plan et le marché, il y a presque exclusivement le pouvoir, auquel il désire accéder plus que tout.

Il a atteint l'avant-dernière marche de ce pouvoir en juillet 1984, alors qu'il n'a pas encore 32 ans, en devenant Premier ministre. Entre-temps, il a été ministre du Budget de 1981 à mars 1983, puis ministre de la Recherche et de l'Industrie de mars 1983 à juillet 1984. Lui qui, en tant que ministre du Budget, a été le ministre de la relance par la « consommation populaire » et a compté parmi les plus virulents des « Albanais » devient après mars 1983 un des principaux leaders du camp de l'alignement européen et de la défense de la libéralisation de l'économie. Dans un premier temps, comme ministre de l'Industrie, il lui appartient de mettre un terme au volontarisme industriel de 1981. Sous son égide, l'État décide une vaste restructuration des secteurs industriels en difficulté : constructions navales, charbonnages, sidérurgie.

En ce qui concerne la construction navale, il est prévu de ne conserver que quatre grands sites (Dunkerque, La Ciotat, La Seyne-sur-Mer et Saint-Nazaire) tout en réduisant leur capacité de 30 % en trois ans, au prix de 5 000 suppressions d'emplois sur un total de 18 000. Dans les charbonnages, le revirement est encore plus spectaculaire. En 1981, on parle de « relance charbonnière ». Le 17 novembre 1981, Edmond Hervé, ministre délégué à l'Énergie, tient une conférence de presse à l'École des mines de Douai. Il annonce cette relance avec à la clé 10 000 créations d'emplois. En février 1982, on nomme Georges Valbon, un communiste, à la tête de Charbonnages de France (CdF). Lors de son installation, il annonce son intention de porter la production annuelle de charbon à 30 millions de tonnes. Fin 1983, cette production est de 18 millions de tonnes. C'est alors que Fabius annonce que l'objectif est désormais non d'augmenter cette production mais de la réduire jusqu'à 11 millions de tonnes. Et il demande à l'entreprise, qui emploie encore 57 000 personnes, d'organiser le départ de 6 000 salariés par an. Dans la sidérurgie nationalisée, le « plan acier » tend là aussi à supprimer des emplois : 25 000 en trois ans sur les 90 000 qu'elle compte encore. La production d'acier, qui était de 23 millions de tonnes en 1979, est descendue à 17,5 millions en 1983. Avant d'être nommé à Matignon, Fabius donne une preuve ultime de sa conversion au réalisme et au marché à l'occasion de la faillite de Creusot-

Loire en juin 1984. Il s'agit d'un des fleurons de l'industrie française qui emploie encore 30 000 salariés. Interrogé sur les intentions du gouvernement, il déclare sans hésiter : « L'État n'est pas une machine à éponger les erreurs de gestion. » Entre le plan et le socialisme, il y a Laurent Fabius, c'est-à-dire désormais le marché !

Pierre Bérégovoy faisait partie également des adversaires de Mauroy et Delors en 1982. Son profil est très éloigné de celui de Laurent Fabius. Titulaire d'un CAP d'ajusteur, il grimpe les échelons hiérarchiques à Gaz de France à la force du talent. Il en va de même dans sa vie militante qui le fait passer par la SFIO, le PSU, qu'il rejoint par fidélité à Mendès France, et, après 1971, le PS de François Mitterrand. Ce dernier le nomme secrétaire général de l'Élysée en 1981. Il devient ministre des Affaires sociales en 1982 après la démission de Nicole Questiaux. Cette énarque, conseiller d'État, est le coauteur avec Jacques Fournier d'un *Traité du social* qui est la bible des étudiants de Sciences Po. En juin 1982, la première rigueur l'emporte. Raymond Barre avait laissé la Sécurité sociale au sens large (y compris l'assurance chômage) en excédent (20 milliards de francs en 1980). En 1981, les comptes plongent dans le rouge (– 5 milliards de francs) et le passage à la retraite à 60 ans en avril 1982 aggrave la situation. Nicole Questiaux, sommée de présenter un plan de redressement, s'exclame « Je ne serai pas la ministre des Comptes ! » et démissionne. Ironie du sort, elle est remplacée par Bérégovoy qui lui-même cède sa place à l'Élysée à Jacques Fournier. Le ministre Bérégovoy augmente les cotisations, crée une cotisation de solidarité des fonctionnaires pour le chômage, alors qu'ils ont la sécurité de l'emploi, et rétablit les comptes sociaux qui sont de nouveau en excédent en 1983. Par fibre sociale, il est réservé sur les propositions d'austérité de Mauroy et Delors. En fait, il souhaite sortir du SME non pour continuer la politique de relance mais pour opérer des réformes très « mendésistes » de lutte contre l'inflation et de réduction des corporatismes, afin de revenir vers l'Europe une fois la France remise à niveau. Par fibre européenne et par loyauté, il se rallie à la rigueur version « Delors-Mauroy » après mars 1983.

Les revirements de Laurent Fabius en politique industrielle, comme le ralliement européen de Bérégovoy, confirment que la rigueur de 1983 n'est pas un simple ajustement technique de la politique économique, mais une réorientation générale et profonde de l'action gouvernementale. Outre la politique industrielle et la relance, deux autres grands thèmes du programme socialiste disparaissent.

Tout d'abord, le partage du travail. La semaine de 39 heures avait été annoncée comme la première marche du passage à la semaine de 35 heures. Or, cette première marche devient le haut de l'escalier et toute réduction supplémentaire de la durée du temps de travail est reportée *sine die*. Ensuite, la redistribution par l'impôt et la réduction des inégalités par une forte ponction fiscale sur les riches. En effet, le 15 septembre 1983, François Mitterrand rejoint Ronald Reagan dans son adoption de la courbe de Laffer. Ce soir-là, il est l'invité d'une émission économique sur TF1. Le thème est la situation économique et sociale, et notamment le budget. Répondant à une question sur ses priorités budgétaires, le président indique : « Le choix le plus difficile, c'est celui que j'ai fait au point de départ et qui a contraint le gouvernement à ce budget. J'ai dit : il ne pourra pas y avoir de déficit budgétaire de plus de 3 % de la production nationale brute. » Les « 3 % » qui vont devenir un des impératifs catégoriques de la gestion budgétaire de l'Union européenne font leur entrée officielle dans l'histoire. Mitterrand avait déjà évoqué ce chiffre lors de sa conférence de presse du 9 juin 1982, mais cette fois celui-ci reçoit son investiture historique d'indicateur budgétaire. Répondant à une autre question, il poursuit : « Je pense, moi, qu'il n'y a qu'une politique possible dans les circonstances présentes. Cette politique possible interdit le protectionnisme, c'est-à-dire pour bien nous faire comprendre qu'on ferme totalement ou partiellement nos frontières à tous les produits ou à certains produits pour éviter d'être envahis. » Il n'y a qu'une politique possible, celle qu'impose le choix européen. Cet entretien ménage en outre une authentique surprise, sur l'évolution des prélèvements obligatoires :

> Vous avez rappelé ma propre déclaration de 1981, avant mon élection : je veux maintenir la charge totale du prélèvement obligatoire à 42 %. Le septennat précédent avait commencé à 36,3 et il s'est achevé à 42,9, pour ne pas dire 43 % à peu près. Nous en sommes à 44,7 % [...]. C'est trop, pourquoi ? Parce que trop d'impôt, pas d'impôt. On asphyxie l'économie, on limite la production, on limite les énergies et je veux absolument, tout le temps où j'aurai cette responsabilité, revenir à des chiffres plus raisonnables. Je dis que l'année prochaine il faut qu'au moment où nous préparerons le budget 1985, cela baisse d'au moins un point.

Nous rejoignons... Reagan. Et, comme pour enfoncer le clou, vers la fin de l'entretien a lieu cet échange :

> QUESTION : D'un mot, monsieur le président, est-ce que, pour vous, c'est une bonne chose qu'aujourd'hui, en France, il y ait des gens qui fassent fortune ?
> LE PRÉSIDENT : Naturellement. Si c'est par la spéculation, plutôt non. Et cela ne manque pas. Si c'est par l'héritage, c'est un peu commode. Il ne faut pas non plus que le droit à la fortune soit héréditaire, mais enfin il faut aussi que chacun y mette du sien. Mais par la création de richesses, c'est-à-dire par l'initiative, par l'effort personnel, par les capacités

> apprises ou, le cas échéant, naturelles, il faut absolument que ce droit à l'enrichissement individuel soit reconnu. Je ne suis aucunement l'ennemi du profit[1].

Les communistes, qui, eux, sont les ennemis du profit, restent encore pour quelque temps au gouvernement. Cependant, l'arrivée de Laurent Fabius à Matignon leur donne l'occasion de partir.

« Adieux de Fontainebleau (au keynésianisme) »

Le premier problème européen sur lequel la nouvelle orientation française donne des résultats est la politique agricole commune (PAC). Elle appartient à la saga gaulliste et Jacques Chirac, le leader de l'opposition de 1984, en est un des défenseurs les plus attentifs. Or, les partenaires de la France contestent de plus en plus un système qui repose sur la garantie d'un niveau de prix élevé pour les agriculteurs. Leur critique se centre sur les produits laitiers. En 1954, Pierre Mendès France, alors président du Conseil, avait organisé la distribution gratuite de lait dans les écoles pour permettre à tous les jeunes écoliers d'accéder à un produit utile à leur croissance mais trop cher pour beaucoup. À la fin des années 1970, la situation a beaucoup changé. L'Europe croule sous les excédents, qui sont vendus à l'« intervention publique », c'est-à-dire à la Communauté européenne qui les stocke essentiellement sous forme de beurre. Les populations européennes prennent l'habitude de voir apparaître dans les supermarchés

1. On trouve l'intégralité de cet entretien sur le site Vie-publique.fr où l'administration met à disposition les grands textes de notre vie politique. On peut également y lire les discours d'investiture des Premiers ministres que nous utilisons régulièrement dans cet ouvrage.

du « beurre d'intervention », tandis que les écoliers sont à nouveau sollicités, mais cette fois dans les cantines scolaires comme consommateurs forcés de pâtisseries cuisinées au beurre d'intervention. Néanmoins, l'essentiel des surplus est bradé sur les marchés internationaux, où l'URSS, dont l'agriculture est en faillite, se porte systématiquement acquéreur. En 1983, la Communauté lui vend à un prix qui représente 15 % du prix consenti à l'agriculteur. Le Royaume-Uni, mais aussi le Danemark et les Pays-Bas, réclament la fin de ce système dispendieux. Le 22 mars 1983, François Mitterrand nomme Michel Rocard ministre de l'Agriculture, chargé entre autres de résoudre le problème laitier. Il prend langue avec ses homologues qui découvrent une France ouverte et disposée à bouger sur la sacro-sainte PAC. Un accord est conclu sur une limitation de la production de lait qui entre en vigueur le 1er avril 1984[1].

L'orientation proeuropéenne de Mitterrand se confirme avec la présidence française, qui voit l'acceptation du « chèque britannique ». Dès le premier sommet européen auquel Margaret Thatcher participe en 1979, elle déclare se refuser à toute discussion sur quelque problème que ce soit tant que la participation du Royaume-Uni au budget européen ne sera pas revue à la baisse. Depuis, à chaque question qu'on lui pose, elle répond par « *I want my money back*[2] ». Son argumentation est double : le Royaume-Uni, qui commerce plus que les autres membres avec les États-Unis, perçoit davantage de droits de douane. Or, ces derniers sont reversés au budget européen. Simultanément, du côté des dépenses du budget européen, l'essentiel est consacré à la PAC et l'Angleterre, qui a une agriculture très productive mais peu importante dans son écono-

1. Ces « quotas laitiers » disparaîtront en 2015.
2. Que l'on pourrait traduire par « Rendez-moi mon argent ».

mie, reçoit moins que les autres pays. Jusqu'en 1984, la France écoute plus ou moins poliment mais s'oppose fermement à toute révision des règles de financement du budget européen.

Fin juin 1984, le Conseil européen se réunit à Fontainebleau et il va donner satisfaction aux Britanniques... À Fontainebleau, comme au G7 de Versailles, Mitterrand impose un débordement de luxe dans l'accueil des participants. Le château est remis à neuf, le musée est fermé et les représentants des neuf autres pays de la Communauté sont traités royalement. Ce qui les surprend, c'est moins la mégalomanie de l'accueil que la volonté manifeste du président français de rentrer dans le rang européen, y compris en cédant aux foucades britanniques. En échange de la confirmation de la nomination de Jacques Delors comme nouveau président de la Commission, la France accepte le « rabais (ou encore le chèque) britannique ».

Le sommet est l'occasion pour Helmut Kohl de s'affirmer sur la scène européenne. Nommé chancelier d'Allemagne le 1er octobre 1982 à la tête d'un gouvernement de centre droit à la suite d'un changement d'alliance du parti libéral (FDP), il doit d'abord s'imposer sur la scène intérieure. Il a donc, dans les premiers mois de son exercice du pouvoir, des rapports distants avec Mitterrand. En mars 1983, au moment où ce dernier change de politique et se découvre plus européen que socialiste, Kohl gagne les élections. Il se trouve ainsi consolidé dans ses fonctions, et plus à même de discuter avec Mitterrand, qui, pour sa part, est en position de demandeur. Le rapprochement avec l'Allemagne est magnifié par la cérémonie de Verdun, le 22 septembre 1984, où Mitterrand et Kohl, main dans la main, rendent hommage aux morts de la Première Guerre mondiale.

L'Allemagne joue à fond le jeu des retrouvailles. Alors qu'il est acquis que le futur président de la Commission sera allemand, Kohl consent à ce qu'il soit français. Dans un premier temps, Mitterrand songe à Claude Cheysson. Cette idée est probablement l'ultime manifestation de l'« esprit de rupture » de 1981. Cheysson connaît bien les dossiers européens : il a été membre de la Commission de 1973 à 1981. Après l'élection de Mitterrand, il prend la tête du Quai d'Orsay rebaptisé « ministère des Relations extérieures », retrouvant ainsi le nom qu'il portait du temps de la Révolution et de Talleyrand. Mais Claude Cheysson n'est pas Talleyrand et il devient très vite l'objet à la fois des railleries et des irritations des partenaires de la France. En particulier, il est la bête noire du Foreign Office. Les Anglais ne lui pardonnent pas son soutien aux Argentins au moment de l'invasion des Malouines au nom de la lutte contre l'impérialisme des Occidentaux. Kohl milite donc pour un Français, mais présentable. Ce sera Jacques Delors.

La « modernisation » à l'ordre du jour

En interne, à la place de la rupture et du socialisme, le maître mot est la « modernisation ». Le 27 juillet 1984, Fabius prononce son discours de politique générale. Regrettant le refus des communistes de participer à la nouvelle équipe, il passe au cœur de son programme :

> Ma démarche est celle-ci : toute amélioration réelle de l'emploi passe par une certaine croissance ; toute croissance durable suppose un appareil de production solide, capable d'exporter et de défendre ses positions sur le marché intérieur ; tout appareil de production solide requiert d'être moderne pour soutenir la concurrence. C'est parce que l'économie française n'était pas suffisamment modernisée en 1974 que mon prédécesseur, M. Chirac, a échoué dans sa tentative de relance en 1975. Parce que, sept ans plus tard, notre économie n'était

toujours pas assez modernisée, nous avons dû arrêter la relance et dévaluer.

Le Premier ministre tire un trait sur les politiques keynésiennes et entérine la nécessité de ce que nous appelons des réformes structurelles. Il précise le champ des réformes : « Recherche, formation, investissement. Cela vaut pour l'industrie, pour l'agriculture, pour la pêche, pour l'artisanat ou pour le commerce. Cela vaut en métropole comme outre-mer. C'est le triangle de base de la modernisation. »

Recherche, formation, investissement : les mots du discours politique des trente années qui suivent sont en place. De droite ou de gauche, les gouvernements successifs vont répéter ces mots à l'envi, et s'abriter derrière eux comme pour mieux masquer leur absence de volonté réellement réformatrice, notamment en ce qui concerne l'accroissement de la flexibilité sur le marché du travail. Quand Fabius parle de la méthode, il n'hésite pas à le reconnaître : ce sera le libéralisme et le respect de l'entreprise. « C'est sur les entreprises que repose, pour l'essentiel, la responsabilité de la modernisation. Elles doivent donc bénéficier du soutien de l'ensemble du pays. J'ai toujours pensé que c'était la gauche qui était la mieux placée pour réconcilier l'entreprise et la nation. » Il affirme la nécessité d'une politique libérale-monétariste. Et, en un certain sens, son gouvernement sera le plus libéral de l'histoire du pays de 1945 à nos jours. Mais, comme il se refuse à assumer ce tournant et surtout la référence au libéralisme, lui et ses communicants lancent dans le circuit politique un mot plus neutre, celui de « modernisation ».

Sur le plan budgétaire, la modernisation signifie la réduction des déficits tout en maintenant le mot d'ordre reagano-mitterrandien de baisse des impôts. Alors que Barre avait adopté un point de vue privilégiant la réduction du déficit, Fabius doit tenir compte du revirement reaganien de Mitterrand sur les prélèvements obligatoires. Mitterrand a introduit un plafond de déficit à 3 % du PIB, mais, pour les Allemands, les finances publiques doivent être équilibrées, au moins dans leur composante structurelle. Pour l'instant, ils commencent à se faire à l'idée des 3 %, sans mesurer que si c'est une concession à un certain laxisme français, ces 3 % vont devenir une contrainte insupportable pour ce même laxisme. En 1985, Fabius s'astreint à rester « dans les clous » mitterrandiens et stabilise le déficit à un peu moins de 3 % du PIB. Finalement, sur le plan budgétaire, quand Fabius quitte le pouvoir, les cinq ans de la gauche « de gouvernement » se soldent par un accroissement du poids de la dette de 9 points de PIB.

L'ancien ministre de l'Industrie qu'est Fabius est aussi sensible à la modernisation industrielle qui passe par l'informatique et les télécommunications. En 1983-1984, la direction générale des télécommunications (DGT), qui deviendra par la suite France Télécom, puis Orange, lance le Minitel. Ce dernier est un condensé de politique industrielle à la française. Il est porté par la DGT, animée par les polytechniciens du corps des Télécoms. Il est conçu à la suite d'un rapport demandé par Valéry Giscard d'Estaing à l'Inspection des finances : *L'Informatisation de la société*, rédigé par deux inspecteurs des finances – Simon Nora et Alain Minc –, est publié en 1977. Il fait la renommée notamment d'Alain Minc qui y introduit le mot de « télématique », un néologisme à la croisée des télécommunications et de l'informatique, un concept qui pose les bases du Minitel. À son apogée en 1996, les Français en possèdent un peu plus de 8 millions. À l'occasion des dix ans de sa création, le ministère des P&T organise un colloque sur cette réussite industrielle de la France. Un des spécialistes se permet alors une réflexion iconoclaste : « Le Minitel, tout le monde nous l'envie, mais personne ne nous l'a acheté. »

Succès monétaire et financier

Le succès le plus net de la politique de modernisation est dans le secteur monétaire, non seulement dans le cadre du SME, mais aussi dans les réformes du financement de l'économie. La politique monétaire menée est « allemande », elle a l'efficacité prévisible d'une politique restrictive qui est de faire disparaître l'inflation. Il s'agit d'un succès fondamental dans la mesure où cette disparition conditionne l'avenir du SME.

En 1980, l'inflation en Allemagne est de 5,8 % et en France de 13,3 %. En 1986, l'inflation est légèrement négative en Allemagne (– 0,6 %) et elle a été ramenée à 2,7 % en France. Le différentiel est donc passé de 7,5 points à 3,3. La convergence est en cours et le SME est devenu viable. Cette désinflation a été obtenue grâce à une politique monétaire restrictive combinée après la dévaluation de mars 1983 avec la politique dite du « franc fort », c'est-à-dire le maintien vaille que vaille d'un taux de change fixe entre le franc français et le deutsche mark. La stabilité du change avec l'Allemagne, premier fournisseur de la France, la contraction de la demande intérieure en 1983 et la baisse concomitante du prix du pétrole et du cours du dollar conduisent à une amélioration des termes de l'échange qui permet à la fois d'importer de la désinflation et de rééquilibrer les comptes extérieurs. La France, menacée de se retrouver sous la tutelle du FMI en 1983, retrouve un léger excédent des paiements courants dès 1984. Sur la décennie 1981-1990, elle a eu en moyenne des comptes extérieurs équilibrés. L'Allemagne a dégagé sur la même période un excédent représentant 3,8 % de son PIB. En revanche, le Royaume-Uni, devenu à la fin des années 1970 une pétromonarchie, a subi le contre-choc pétrolier et a connu sur la décennie un déficit moyen de 0,7 % de PIB de sa balance des paiements courants.

La finance que Fabius et Bérégovoy prennent en main est marquée par deux éléments : d'abord, elle est largement nationalisée, ce qui permet notamment à l'État de se financer sans problème auprès de banques qui sont sa propriété ; ensuite, bien que l'État applique le principe de l'autonomie de gestion dans le secteur bancaire, les dirigeants politiques comme les hauts fonctionnaires de la direction du Trésor ont conscience que des règles trop rigides et un contrôle qui se révèle très envahissant de ce que font les banquiers finissent par brider le crédit. Il se trouve que la France a été au XIXe siècle le pays où le débat sur la mission des banques a été le plus soutenu. Ce débat s'est centré sur le problème d'une éventuelle séparation entre les banques dites de « dépôt », gérant de façon très prudente les dépôts que leur confient leurs clients, et les banques dites d'« investissement », qui financent des activités diverses et parfois fortement risquées. Après la faillite de l'Union générale en 1882[1], les autorités financières adoptent le point de vue prudent de Henri Germain, directeur général du Crédit lyonnais, qui est favorable à la séparation entre les deux types de banque. On parle de « doctrine Germain » face à une tradition de banque universelle incarnée par les idées et les pratiques du banquier Laffitte, qui domine la finance sous la Restauration. Lorsque la France s'approprie la « doctrine Germain », cette vision de la banque devient pour le monde anglo-saxon une nouvelle preuve du conservatisme français ; jusqu'au moment où, sous Roosevelt, elle est reprise dans le « Glass/Steagall Act », texte qui va servir par la suite de référence à tous ceux qui veulent limiter la liberté des banques.

En France, par expérience, on voit que cette séparation étouffe l'économie. En 1966, Michel Debré fait voter une

1. Événement célèbre de l'histoire de la IIIe République qu'Émile Zola raconte dans *L'Argent*, même s'il situe son roman sous le Second Empire.

loi bancaire d'assouplissement. Elle élargit les possibilités de crédit et, en supprimant l'autorisation administrative d'ouverture de nouveaux guichets, introduit plus de concurrence. Le mouvement de décloisonnement du crédit ainsi amorcé est parachevé en janvier 1984 : portée sur les fonts baptismaux par Jacques Delors, la nouvelle loi bancaire supprime la distinction entre banques de dépôt et banques d'affaires. C'est la fin de la « doctrine Germain » et l'avènement de la banque universelle. Pierre Bérégovoy amplifie la dynamique de libéralisation. Après l'adoption de la banque universelle, il réforme les marchés financiers pour assurer le rapprochement de Paris, dans son mode d'organisation, des grandes places financières comme Londres, New York ou Chicago. Le 20 février 1986 ont lieu à Paris les premières cotations de produits dérivés. Le MATIF (marché à terme des instruments financiers) parisien est né. L'objectif de cette création est double : s'aligner sur les autres grandes places financières, rendre plus facile le financement de la dette publique.

Avant 1986, pour financer son déficit, l'État lance des emprunts auprès du public qui sont souscrits dans les banques mais aussi dans les bureaux de poste et les perceptions. En outre, il fait appel aux banques dont il est le propriétaire. Et pour la dette à court terme, celle que l'on appelle encore la « dette flottante », il se tourne vers la banque centrale. À partir de février 1986, le système est entièrement revu. L'État émet, par adjudication auprès d'organismes spécialisés (on les appelle des SVT pour « spécialistes en valeurs du Trésor »), des titres qui sont dématérialisés et utilisés par les banques comme éléments constitutifs de paniers de fonds de placement. La référence de ces emprunts est l'OAT (obligation assimilable du Trésor, d'une durée de référence de dix ans), tandis que la dette flottante devient des BTF (bons du Trésor à taux fixe et à intérêts précomptés dont la durée est de trois mois). L'OAT peut se coter à terme et doit servir à entretenir la vie du MATIF.

Chômage aggravé

Le point noir de la désinflation est son prix en termes de chômage. Dans l'arbitrage de Phillips, si l'inflation ne permet pas de réduire le chômage et suscite de la stagflation, le chômage permet de réduire l'inflation. Plus le marché du travail est rigide, c'est-à-dire compte d'acteurs susceptibles de maintenir l'évolution de leur revenu indépendamment de celle de leur productivité, plus le prix de la désinflation est lourd en termes d'emploi.

Après les mesures de création d'emplois dans le secteur public de la période de la relance, les gouvernements socialistes se refusent à laisser le marché du travail fonctionner comme un marché où le salaire, en s'ajustant, permettrait de réduire le chômage. Ils ne sont plus keynésiens puisqu'ils ont compris l'inanité de la relance, mais n'osent aller jusqu'à accepter une vision libérale-monétariste du marché du travail. Par conséquent, ils se rabattent sur le « traitement social du chômage », l'expression ayant été utilisée pour la première fois par Pierre Mauroy. Son principe est de réduire le nombre d'actifs en agissant aux deux extrémités de la carrière. On oppose cette idée de « traitement social » à celle de « traitement économique du chômage » qui consiste à augmenter le besoin en emplois de l'économie.

Sous Mauroy, le traitement social porte essentiellement sur les actifs en fin de carrière. Ainsi, on multiplie les dispositifs de préretraite, ce qui amplifie les conséquencces du passage de la retraite à 60 ans. Quand il quitte Matignon, 700 000 personnes bénéficient de dispositions diverses assimilables à une préretraite. Pour les jeunes est créé en 1983 le stage d'insertion à la vie professionnelle (SIVP), rémunéré entre un tiers et la moitié du SMIC, l'entreprise ne payant pas de cotisations sociales. La gauche se fait subrepticement le défenseur du « SMIC jeunes », sans tension politique particulière mais sans résultat concret. Si bien que les SIVP seront supprimés en 1988.

Laurent Fabius prolonge la logique du stage qualifiant pour les jeunes s'apprêtant à entrer sur le marché du travail et lance les TUC (« travaux d'utilité collective »). Le dispositif est arrêté au Conseil des ministres du 26 septembre 1984. Il s'agit de stages dans des administrations ou des associations, dont l'objectif affiché est d'assurer la transition vers le marché du travail – l'objectif moins affiché étant de réduire le nombre de chômeurs comptabilisé dans les statistiques. Fin 1985, il y a environ 180 000 TUC dont 40 % s'effectuent dans des communes.

Le Premier ministre ne souhaite pas se limiter à un traitement à court terme des problèmes d'emploi. Il affirme vouloir voir loin, suffisamment pour qu'il soit trop tôt, au moment des élections de 1986, pour tirer un bilan définitif des mesures qu'il met en place. Le fondement de l'action à long terme est la référence à une indispensable amélioration de la formation. Comme souvent, le plus simple est d'en augmenter la quantité sans véritablement aborder le problème de la qualité. Il propose donc un allongement de la durée des études, qui doit élever le niveau de formation et, en conséquence, l'employabilité des jeunes. Dans son discours de politique générale, il déclare : « Au Japon, plus de 90 % d'une classe d'âge achève avec succès des études secondaires complètes contre moins de 35 % en France. »

S'ensuit l'annonce par Jean-Pierre Chevènement, revenu au gouvernement avec le portefeuille de l'Éducation nationale, de la volonté des pouvoirs publics de porter la part des bacheliers dans une classe d'âge à 80 %. Il précise : « Nous avons 2 millions de chômeurs ; quand nous aurons porté 80 % d'une classe d'âge au baccalauréat, nous aurons réduit le chômage à un million. » La première génération à atteindre les 80 % est celle née en 1993. En 2013, lorsqu'elle a réalisé l'objectif de Chevènement, il y avait 3 millions de chômeurs…

Esquisse d'un bilan du retour des socialistes aux affaires

Élue en 1981 avec le slogan « Ma priorité, c'est l'emploi », la gauche affronte les élections de mars 1986 avec un résultat en la matière plus que décevant. Raymond Barre avait laissé un taux de chômage de 6,3 % ; Fabius transmet à ses successeurs un taux de chômage de 10,3 %. Le bilan de cinq ans de « socialisme » est décevant en termes de croissance, de chômage et inquiétant dans la dérive des finances publiques. Le franc a perdu 30 % de sa valeur par rapport au mark.

Il reste deux acquis importants. Le premier est la désindexation des salaires. Avant Delors, les hausses de fin d'année permettaient au minimum le maintien du pouvoir d'achat. Désormais, dans la fonction publique, les négociations salariales partent du principe d'une évolution des salaires non pas en fonction de l'inflation, mais selon l'objectif d'inflation du gouvernement. Il s'agit pour Delors d'associer les salariés à la lutte contre l'inflation et, au-delà, de créer des mécanismes d'anticipation qui brisent la boucle prix/salaires. Selon cette logique, la part des salaires dans la valeur ajoutée recule de façon à rétablir les capacités d'investissement des entreprises et à faire évoluer les salaires en fonction de leur productivité. La part des profits dans la valeur ajoutée était de 32 % à la veille du premier choc pétrolier. Jusqu'en 1983, les gouvernements successifs ont fait porter les conséquences des chocs pétroliers à répétition aux entreprises, si bien qu'en 1982 cette part n'est plus que de 25,6 %. La rigueur combinée au contre-choc pétrolier qui restitue du pouvoir d'achat au pays permet de rétablir la situation et de retrouver les 32 %.

Le second acquis est la désinflation. Rigueur, contre-choc pétrolier et franc fort font que l'inflation, qui était de 13,3 % en 1980, est de 2,7 % en 1986. La logique du SME, qui fonde, explique et conforte cette désinflation, est l'acquis paradoxal de la gestion des socialistes entre 1981 et 1986. Un acquis certain, mais une adhésion incertaine de la classe politique qui a du mal à assumer toutes les conséquences de la désinflation.

Dans le domaine des relations sociales, il reste également les lois Auroux, en référence à Jean Auroux, ministre du Travail en 1981. Il s'agit d'un ensemble de quatre lois modifiant profondément le droit du travail, votées en 1982. Parmi les principales innovations qu'elles introduisaient, citons l'encadrement du pouvoir disciplinaire du chef d'entreprise, la création d'un droit d'expression des salariés, le financement du comité d'entreprise, l'obligation de négociations annuelles sur les salaires et l'organisation du travail, ou encore la création du CHSCT (comité d'hygiène, de sécurité et des conditions de travail). Ces lois ont profondément modernisé le dialogue social et l'organisation du travail en entreprise. Pour certains, en bien. Pour d'autres, elles sont d'une lourdeur coupable qui freine les créations d'emplois.

Annexe

Tableau 1. Rappel des principaux paramètres économiques sous la législature 1981-1986

Indicateurs économiques	**1981**	**1982**	**1983**	**1984**	**1985**
Taux de croissance (%)	1,1	2,5	1,3	1,5	1,6
Taux d'inflation	13,4	11,8	9,6	7,4	5,8
Taux de chômage	7,4	8,1	8,3	9,7	10,3
Solde des paiements courants (% du PIB)	– 1	– 2	– 0,2	0,7	0,7

Source : INSEE.

Commentaire : le taux d'inflation est le taux en moyenne, c'est-à-dire la comparaison des 12 indices mensuels d'une année donnée aux 12 indices de l'année précédente ; le taux de chômage est celui standardisé selon les normes OCDE ; le solde des paiements courants est celui enregistré par l'OCDE. On voit sur ces chiffres que la relance de 1981-1982 a porté la croissance de 1,1 % à 2,5 % mais au prix d'un creusement du déficit extérieur. La rigueur porte ses fruits : les comptes extérieurs s'équilibrent et l'inflation recule. Le prix à payer est la hausse du chômage.

CHAPITRE 5

Jacques Chirac, disciple de Margaret Thatcher 1986-1988

En mars 1986, malgré un changement de loi électorale qui devait priver la droite de majorité absolue et une campagne plutôt efficace de Laurent Fabius, l'opposition RPR-UDF remporte les élections. C'est la cohabitation. François Mitterrand reste président de la République et ne se retire pas à Rambouillet comme l'avait envisagé Valéry Giscard d'Estaing en 1978. Jacques Chirac devient Premier ministre.

Le Jacques Chirac qui entre à Matignon n'est ni le keynésien de la relance de 1975, ni le fondateur du RPR et auteur « travailliste » du discours d'Égletons du 3 octobre 1976, ni l'anti-Européen de l'appel de Cochin du 6 décembre 1978. Il est libéral, admirateur de Margaret Thatcher et de Ronald Reagan… De cette conversion libérale-monétariste, assez superficielle, la France tire certains avantages, dont le plus spectaculaire est la disparition d'un des symboles les plus forts et les plus pénalisants du dirigisme : le contrôle des prix. Le 1er décembre 1986, il est supprimé.

Un programme libéral dont l'application commence par une dévaluation incongrue

De même que Raymond Barre commença par un très dirigiste blocage des prix et que François Mitterrand se perdit dans le keynésianisme le plus grossier, Jacques Chirac n'échappe pas à la malédiction des débuts keynésiens. En effet, il commence par une dévaluation compétitive à l'ancienne, aux justifications très protectionnistes. Il dévalue alors que les comptes extérieurs du pays sont à l'équilibre et que la France a pris l'engagement en 1983 de ne pas le faire. Le 6 avril 1986, le franc est dévalué de 3 % et le mark vaut 3,18 francs.

Cette dévaluation, qui est contraire à l'esprit du SME, a le paradoxal inconvénient de détériorer le solde extérieur. Une dévaluation agit en deux temps : d'abord, une baisse des termes de l'échange qui se traduit par un alourdissement du coût des importations sans modification des exportations, si bien que le déficit extérieur se creuse ; puis une baisse des prix à l'exportation qui se traduit par une augmentation du volume exporté et donc par un rééquilibrage des comptes extérieurs. La succession de ces deux mécanismes constitue ce que les économistes appellent la « courbe en J ».

Les années 1986-1987 en donnent un bon exemple. En 1986, le déficit extérieur mesuré par le besoin de financement de la nation est de 45 milliards de francs ; en 1987, dans la lancée de la dévaluation, il double quasiment pour atteindre 80 milliards de francs. Et il faut attendre 1992 pour que la France rétablisse ses comptes extérieurs.

Cette dévaluation, réalisée dans la hâte, sonne comme le besoin rituel des dirigeants de la période de commencer leur action économique par un geste keynésien. Heureusement, Jacques Chirac écourte l'épisode. Dans le diagnostic qu'il fait de l'héritage du gouvernement précédent lors de son discours de politique générale, il se félicite de la désindexation des salaires et du terme ainsi mis à la boucle « prix/salaires » qui entretenait l'inflation « par les coûts ». Hormis les bienfaits de la désindexation, il ne reconnaît pas de grands mérites aux cinq ans qui viennent de s'écouler.

Il affirme que son action sera tournée vers la liberté économique : « L'économie française a besoin d'un supplément de liberté pour connaître un regain de dynamisme et créer de nouveaux emplois ; trois libertés fondamentales pour le bon fonctionnement des entreprises leur seront rapidement garanties : liberté de fixer les prix, liberté de commercer avec l'étranger sans contrôle, plus grande liberté dans la gestion des effectifs en vue d'éliminer les entraves à l'emploi. » Pour mémoire, à Égletons, le programme du RPR se déclinait autour de cette phrase : « Le Grand Rassemblement auquel je vous convie devra allier la défense des valeurs essentielles du gaullisme aux aspirations d'un véritable travaillisme français. » Le monde et les temps changent… Chirac conclut son discours : « Notre objectif prioritaire sera, je le confirme, l'abaissement des prélèvements obligatoires, seul moyen de desserrer les contraintes paralysantes et de retrouver le dynamisme propre à améliorer l'emploi. »

Le message est clair : François Mitterrand n'a pas le monopole du reaganisme. En revanche, il aurait plutôt celui de l'Europe. En effet, Jacques Chirac ne l'évoque qu'à peine et de façon convenue. Il insiste seulement sur l'agriculture, devenue une composante essentielle de son personnage politique.

Acte unique, concurrence et souffle libéral

En ce début 1986, l'Europe modifie le destin de la France à deux niveaux. Il y a d'abord l'entrée de l'Espagne et du Portugal dans la Communauté. Comme la Grèce précédemment, les deux pays rejoignent le projet européen sur la base de leur retour à la démocratie après la fin de régimes d'extrême droite. Leur arrivée redistribue les cartes et les jeux de solidarité au sein de la Communauté. À l'Europe « carolingienne » des Six de 1957, complétée par un Royaume-Uni politiquement assis entre deux chaises, la chaise américaine et la chaise européenne, se substitue une Europe en deux zones : l'Europe du Nord et le « Club Med », selon les Allemands. Sous ce vocable sont regroupés les pays d'Europe du Sud, l'Italie notamment, mais surtout les pays qui, récemment délivrés du fascisme, s'estiment en droit d'obtenir des transferts des démocraties plus anciennes. Cette logique reviendra en force avec l'adhésion des anciens pays communistes.

Cette cartographie sans cesse renouvelée de la souffrance à compenser met la France en porte-à-faux. Elle a souffert jusqu'en 1945, mais l'Espagne jusqu'en 1975 et la Pologne jusqu'en 1990. Dès lors, elle se retrouve, comme le Royaume-Uni, assise entre deux chaises. Mais cette fois les chaises sont économiques, la carolingienne et la méditerranéenne. Le problème est que si la France prend rapidement conscience que les élargissements successifs de l'Europe changent son statut, elle se refuse à en tirer les conséquences économiques. Concrètement, elle continue à entretenir un excès de consommation qui conduit à des déficits extérieurs récurrents. Elle compte sur l'épargne allemande pour permettre le financement de son insouciance, en sachant que d'autres pays réclament en faisant valoir leur statut de victimes, qui du fascisme, qui du communisme.

Dans l'immédiat, la France de 1986 fait le tri de ses obligations européennes en acceptant notamment le renforcement de la concurrence. L'année 1986 voit la signature de l'Acte unique – en février –, qui entre en vigueur le 1er juillet 1987. Ce texte peut être considéré, au même titre que le traité de Rome ou le traité de Maastricht plus tard, comme un des piliers de la construction européenne. Il énonce le principe des quatre libertés fondamentales qui doivent caractériser la Communauté : la liberté de circulation des hommes, la liberté de circulation des marchandises et des services, la liberté de circulation des capitaux et la liberté d'installation, notamment des entreprises. La conséquence en est une large extension du champ d'action de la concurrence.

Les pères de cet Acte unique sont multiples. Si Jacques Delors finalise sa mise en application, l'initiateur est d'autant plus remarquable qu'il s'agit d'un Anglais. En l'occurrence, Roy Jenkins, président de la Commission européenne de janvier 1977 à janvier 1981. En 1978, il précise sa vision de l'Europe dans un discours à la Société d'économie politique belge. Pour lui, l'Europe, c'est une méthode héritée de Jean Monnet – s'appuyer sur des conflits parfois anodins et les dépasser par de nouvelles avancées européennes – et deux objectifs : la concurrence, qui est le pendant économique de l'égalité politique, et la solidarité. Ainsi, il apporte un soutien sans ambiguïté au SME, car, à ses yeux, l'Union monétaire est un moyen d'empêcher les dévaluations compétitives qui perturbent la concurrence et sont donc par nature anticoopératives[1]. Le conflit anodin qui lui permet de mettre l'Acte unique sur les rails est l'affaire dite du « Cassis de Dijon ».

1. En 1986, Jacques Chirac a oublié ce principe.

En février 1979, la Cour de justice des Communautés européennes publie un arrêt statuant sur une plainte française face au refus de l'Allemagne de laisser cette liqueur arriver sur son territoire, sous prétexte d'un degré d'alcool inadéquat. La cour condamne l'Allemagne et stipule que tout pays empêchant une importation venue d'un autre État membre se met dans l'illégalité. Jenkins s'empare de cet arrêt et engage la rédaction de l'Acte unique sur la base des principes énoncés par la cour.

Le gouvernement Chirac-Balladur joue le jeu de l'Acte unique. Il prend deux décisions : tout d'abord, les prix, qui étaient contrôlés depuis le Front populaire, et pour certains depuis 1914, sont libérés à compter du 1er décembre 1986[1]. Ce contrôle des prix n'avait pas empêché l'inflation : en 1986, les prix sont ceux de 1914 multipliés par 1 500 ! La stabilité des prix repose désormais sur la combinaison de la concurrence et de la politique monétaire ; ensuite, l'ordonnance mettant fin au contrôle des prix dote la France d'un Conseil de la concurrence, autorité indépendante dont la mission est de sanctionner les abus de position dominante et les ententes.

La politique de l'emploi est également marquée par le souffle libéral. Elle est du ressort de Philippe Séguin. Ce gaulliste social en devenir assume en 1986 de faire assez peu dans le social. Dès sa nomination comme ministre des Affaires sociales, il se voit confier par le Premier ministre Jacques Chirac le dossier de la suppression de l'autorisation administrative de licenciement, dont le principe avait été voté en octobre 1974 à l'initiative du Premier ministre de l'époque, un certain Jacques Chirac… Pour renforcer la démarche du gouvernement, Yvon Gattaz annonce que cette suppression permettra la création de

1. L'État garde indirectement le contrôle des prix des entreprises publiques. Il maintient également le mécanisme de prix unique des livres adopté en 1981.

400 000 emplois. Depuis, les experts ont multiplié les études sans arriver à des conclusions probantes sur l'impact de cette décision.

À propos des autres aspects de la lutte contre le chômage, le traitement social reste à l'honneur, malgré le discours libéral qui justifierait un traitement économique de libéralisation allant au-delà de la suppression de l'autorisation administrative de licenciement. Les TUC de Fabius sont reconduits et complétés par des « programmes d'insertion locale » (PIL). Pour le long terme, le gouvernement s'inscrit encore dans la continuité du discours de l'époque Fabius/Chevènement sur la priorité à l'éducation. Néanmoins, il a l'intelligence de le conditionner à davantage de souplesse dans le système, notamment pour l'enseignement supérieur. Alain Devaquet, ministre de l'Enseignement supérieur et de la Recherche, est un scientifique de haut niveau. Le 11 juillet 1986, le Conseil des ministres adopte son projet de réforme des universités. Il contient quatre volets.

D'abord, du point de vue financier, les universités peuvent fixer librement le montant des droits d'inscription, à l'intérieur d'une fourchette établie par le ministère. Deuxièmement, concernant les étudiants, des possibilités de sélection à l'entrée sont offertes aux universités afin d'adapter les flux d'étudiants aux besoins du marché du travail, aux capacités d'accueil des établissements et au niveau des postulants. Troisièmement, les universités sont libres de choisir leur méthode pour former leurs étudiants, ainsi que la caractéristique des diplômes qu'elles délivrent. Toutefois, le ministre assure qu'il maintiendra une accréditation minimale des diplômes. Quatrièmement, le pouvoir des enseignants dans les organes dirigeants de l'université est accru.

Les réactions d'hostilité de la part des syndicats sont immédiates. Au fur et à mesure de l'examen parlementaire de la loi, les manifestations se multiplient. Le 27 novembre, ce sont

200 000 étudiants et lycéens à Paris, et 400 000 en province, qui défilent. Dans la nuit du 5 au 6 décembre, des incidents ont lieu et un étudiant, Malik Oussekine, meurt. Le 6 décembre, Alain Devaquet démissionne ; le 8, le Premier ministre retire le projet. Devaquet est le premier réformateur abandonné et trahi par Jacques Chirac. Il ne sera pas le dernier…

Privatisations

Contré dans ses velléités libérales en matière d'éducation, se heurtant à la pugnacité du président de la République qui se comporte de moins en moins en chef de l'État et de plus en plus en leader de l'opposition, le gouvernement Chirac réduit ses ambitions. Il ne maintient le cap que sur un seul dossier, les privatisations. D'ailleurs, Édouard Balladur, qui dans l'ordre protocolaire est le numéro 2 du gouvernement avec le rang de ministre d'État, a le titre de « ministre de l'Économie, des Finances et de la Privatisation ». Et, jusqu'au 19 août 1986, il est assisté d'un ministre délégué à la Privatisation, Camille Cabana.

En Europe, la vague a été lancée par Margaret Thatcher. Pour privatiser, il faut qu'existe un important secteur nationalisé. C'est le cas au Royaume-Uni depuis les nationalisations des travaillistes de la fin des années 1940. C'est le cas en France du fait des nationalisations de 1945-1946 et de 1981. La loi du 6 août 1986 en définit le cadre : fixation de la liste des entreprises à privatiser ; recours à l'épargne privée ; application de règles de gestion et de rentabilité identiques dans les entreprises restées publiques et celles du secteur privé ; amélioration des possibilités de « respiration » du secteur public par la vente de filiales. Le champ couvert porte non seulement sur les entreprises nationalisées en 1981 comme Saint-Gobain, qui ouvre le bal, ou la banque Paribas[1], mais aussi sur des sociétés nationalisées en 1945, comme Havas ou la Société générale, ou même sur des sociétés qui n'ont jamais été privées comme TF1, la première chaîne de télévision.

La caractéristique de ces privatisations est la création des « noyaux durs » qui seront rebaptisés « groupements d'actionnaires stables » après 1993 et le retour d'Édouard Balladur aux affaires. Le but est de protéger les entreprises françaises des convoitises étrangères. Face à cette volonté, François Mitterrand ironise en disant que pour être sûr de ne pas voir ces fleurons partir en des mains étrangères, il suffit de les laisser entre les mains de l'État… Au Royaume-Uni, le maintien des pouvoirs de l'État a été assuré sous forme de *golden shares* (littéralement, « participations en or ») : l'État garde une petite fraction du capital et reçoit en échange des droits supérieurs à ceux des autres actionnaires. D'autres acteurs économiques militent pour la création de fonds de pension s'appuyant sur le capital des anciennes entreprises publiques, ce qui permettrait de créer un système de capitalisation en complément d'un système de retraite par répartition menacé.

Édouard Balladur écarte ces possibilités si bien que les privatisations se font d'une façon peu libérale. Les noyaux durs regroupent les principales sociétés françaises, notamment les banques et les assurances elles-mêmes en cours de privatisation et dont les dirigeants sont réputés proches du pouvoir. Le principe des noyaux durs a ainsi abouti à une multiplication des liens réciproques en capital, c'est-à-dire à une confusion du paysage économique dans laquelle le pouvoir a été accusé de favoriser ses amis.

Le krach boursier d'octobre 1987 met momentanément un terme au processus. Une des conséquences des privatisations est la baisse du nombre de salariés travaillant dans des entre-

1. Qui n'est pas encore fusionnée avec la BNP.

prises publiques. Il passe de 1,86 million à 1,36 million. Sur le plan financier, les privatisations sont une bonne opération. Alors que les nationalisations avaient coûté 35 milliards de francs, elles rapportent, entre 1986 et 1988, 65 milliards. Les recettes sont affectées soit à la recapitalisation des entreprises restées publiques (2 milliards à Renault, 6 milliards à la sidérurgie), soit à la Caisse d'amortissement de la dette publique créée en juillet 1986.

Derrière cette création, on retrouve l'ambiguïté, pour ne pas dire l'incohérence, de la politique budgétaire de Chirac/Balladur : d'un côté, on rembourse de la dette, de l'autre, on en recrée en laissant filer le déficit.

Une des raisons du creusement du déficit est que Chirac se veut tout autant reaganien que Mitterrand et décide de baisser les impôts. En 1986, les prélèvements obligatoires baissent de 0,7 point de PIB. La mesure la plus spectaculaire est la suppression de l'IGF (impôt sur les grandes fortunes), qui intervient seulement à compter du 1er janvier 1987. Créé sous le gouvernement Mauroy, cet impôt porte en lui une forte connotation politique. Il est érigé par les socialistes en symbole de la lutte contre les inégalités. Pour atténuer le symbole politique inverse de sa suppression, le gouvernement Chirac l'accompagne d'une baisse de l'impôt sur le revenu payé par les ménages les plus modestes. Par conséquent, le déficit se creuse et dépasse les 3 % (il atteint 3,2 %) dont Mitterrand avait fait la limite supérieure, avant de devenir la référence de l'Europe.

L'Europe monétaire et les accords du Louvre

Justement, l'Europe a de quoi s'inquiéter. Le relatif abandon de la discipline budgétaire, même justifié par le reaganisme ambiant, brouille le message économique de la France. Et c'est d'autant plus dommageable que le contexte monétaire mondial est perturbé.

Le milieu des années 1980 est marqué par le « yo-yo » sur le cours du dollar et les conséquences des brusques revirements de la politique monétaire américaine. En 1979, cette dernière s'est durcie pour se débarrasser d'une inflation devenue insupportable. En 1985, cette politique monétaire a propulsé le dollar vers des sommets. S'amorce alors une baisse de la devise américaine qui incite les États-Unis à organiser une réunion des dirigeants des cinq principales économies occidentales pour faire le point[1]. Le but est de coordonner les politiques économiques afin de gérer la baisse du dollar. Le résultat s'incarne dans les « accords du Plaza », du nom de l'hôtel de New York où a lieu la rencontre en septembre 1985. Ceux-ci prévoient une décrue en douceur du dollar, une réduction du déficit budgétaire américain et un effort de relance de l'Allemagne et du Japon[2]. Malgré ces accords, la baisse du dollar se poursuit, voire s'amplifie, au point que les Européens s'alarment de l'appréciation de leurs devises.

La France prend l'initiative de renouveler la rencontre et c'est Édouard Balladur qui préside la seconde réunion. Elle a lieu dans les locaux du ministère de l'Économie et des Finances encore situés au Louvre, rue de Rivoli. Le 22 février 1987 sont signés les « accords du Louvre » qui affirment la volonté des signataires de revenir à un système de changes fixes assoupli. Ils se proposent de maintenir une parité du dollar à 1,9 deutsche mark et 145 yens. Les Allemands insistent pour que les Américains adaptent leur politique économique à ce

1. C'est le G5 associant les États-Unis, l'Allemagne, le Japon, le Royaume-Uni et la France.

2. Nous retrouvons les « locomotives » de la relance de 1975.

retour à la logique du change fixe, c'est-à-dire qu'ils affichent leur refus de l'inflation et leur volonté de revenir à l'équilibre budgétaire. Ce qu'ils n'ont pas obtenu à Bonn en 1978, ils espèrent l'obtenir à Paris en 1987. Cela leur paraît d'autant plus plausible que Volcker est sur leur ligne. Mais c'est peine perdue. Les accords du Louvre restent lettre morte.

Car Paul Volcker, qui leur est favorable, est l'objet de sévères critiques. Après la période où il a imposé à l'Amérique des taux courts élevés pour briser l'inflation, on l'accuse, en soutenant ces accords, de préparer une période de taux longs excessifs. En effet, les investisseurs, jugeant la stabilisation du dollar artificielle, vont réclamer, pour garder leurs placements en devise américaine, une rémunération de plus en plus élevée. De fait, les taux longs américains passent de 7 % au moment de la signature des accords du Louvre à 9,5 % fin septembre 1987. L'enchaînement des anticipations négatives sur l'économie américaine qui s'ensuivent conduit le 19 octobre 1987 à une chute de Wall Street.

Face à ce krach, la Réserve fédérale baisse les taux. Les maintenir bas favorise le crédit aux ménages et permet à l'État de baisser les impôts sans trop se soucier de l'alourdissement de la dette qui en découle. Cette politique s'inscrit pleinement dans la logique de la loi de 1978 et dans les positions défendues à Bonn par l'administration Carter autour du rapport McCracken. Mais elle est en opposition aux pratiques de Paul Volcker. Il faut dire qu'entre la signature des accords du Louvre et le krach d'octobre 1987, Ronald Reagan l'a écarté.

Après son élection en 1980, le président américain a hésité entre, d'une part, un monétarisme de combat à la Thatcher ou de persévérance à l'allemande dont Volcker est l'instrument, et, d'autre part, une relance « keynésienne amendée » par la baisse des impôts. Dès 1982, il écarte l'option monétariste et inaugure les « reaganomics », version néoconservatrice du keynésianisme où le déficit budgétaire se nourrit d'allégements fiscaux. En 1982, le déficit budgétaire des États-Unis atteint 6 % du PIB. L'Amérique prend l'habitude de consommer sans retenue et devient incapable d'épargner. L'État baisse sans cesse les impôts pour accroître la demande. De la frénésie consommatrice qui s'installe naît un gonflement des importations américaines qui diffuse une masse croissante de dollars sur la planète. Les États-Unis peuvent se permettre ces débordements parce qu'ils détiennent ce que l'économiste français Jacques Rueff appelait un « privilège exorbitant » : battre monnaie mondiale. Leur déficit extérieur a pour pendant les excédents du reste de la planète. Les pays excédentaires accumulent les dollars, qui dans les bilans de leurs banques commerciales comme le Japon et l'Allemagne dans les années 1980, qui dans les caisses de leur banque centrale comme la Chine dans les années 2000, qui dans des fonds souverains comme les monarchies pétrolières, au gré des chocs et des contre-chocs pétroliers. L'Amérique consomme sans états d'âme, clamant même qu'elle rend un fier service au reste de l'humanité : si elle n'était pas là, qui achèterait la production des pays émergents et leur assurerait des taux de croissance spectaculaires ?

Cette dérive nourrie d'un excès de consommation n'inquiète personne à Washington. Richard Cheney, l'ancien commensal du dîner de 1974 de la courbe de Laffer, devenu vice-président des États-Unis dans l'administration Bush, répétait dans les couloirs de la Maison Blanche : « Les déficits, Ronald Reagan l'a montré, n'ont aucune importance. » Reagan en tout cas en était convaincu. Dès 1982, il entre donc en conflit avec Volcker. En 1987, il solde ce conflit en passant par pertes et profits les accords du Louvre et les idées de Volcker.

Le 11 août 1987, il nomme Alan Greenspan comme président de la Fed, avec pour mandat de ne pas affronter la politique budgétaire. Greenspan va connaître un sort étrange, car, à Washington, s'il y a un Capitole, il y a aussi une roche Tarpéienne médiatique... Après avoir été porté aux nues, il deviendra le coupable désigné des malheurs de la finance et de l'économie après 2008. Néanmoins, il est probable que ce qui restera de lui, c'est sa réponse en 1989 à un membre du Congrès américain : « Si vous avez compris ce que je viens de vous dire, c'est que je me suis probablement mal exprimé » (*sic*).

L'échec des accords du Louvre et le retour des Américains à une politique monétaire laxiste poussent les Allemands à relancer le processus de Brême. Pendant l'été 1987, Français et Allemands se réunissent pour préparer les cérémonies du 25e anniversaire du traité de l'Élysée[1] qui auront lieu en janvier 1988. Il faut trouver quelque chose de symboliquement fort pour les nourrir. En novembre, ils se mettent d'accord à Karlsruhe pour créer un Comité économique et financier franco-allemand (CEFFA). Son objectif consiste à « renforcer et à rendre encore plus étroite la coopération entre les deux pays, à harmoniser autant que possible leurs politiques économiques et à rapprocher leurs positions sur les questions économiques et financières internationales ».

C'est suffisamment vague pour en faire soit le lieu d'une gestion formelle de la langue de bois sur l'amitié indéfectible entre les deux pays, soit un lieu permettant au couple franco-allemand, moteur de l'Europe, de préparer les étapes suivantes dans l'avancée vers l'intégration monétaire.

1. Rappelons qu'il s'agit du traité d'amitié signé, en 1963, entre De Gaulle et le chancelier Adenauer.

Vers l'UEM

En janvier 1988, l'Allemagne prend la présidence de la Communauté. Hans-Dietrich Genscher, le ministre des Affaires étrangères, prononce à cette occasion un discours devant le Parlement européen. Il déclare qu'il faut désormais « œuvrer à la création d'une union monétaire et d'une banque centrale européenne » dont la Bundesbank serait le modèle. Édouard Balladur, qui a été informé en avant-première du contenu de son discours, exprime des réserves. Il a du mal à se faire à l'idée que l'Europe pourrait imposer à la France le type de politique monétaire qu'elle doit mener, même si cela résulte assez automatiquement du mécanisme des changes fixes et du SME qui l'incarne. Les positions de Balladur illustrent alors ce jeu malsain des Français qui consiste à affirmer partager les principes économiques des Allemands pour rester associés à eux, tout en cherchant à garder la possibilité de solder les déséquilibres macroéconomiques par une séquence de dévaluation/inflation. Balladur précise que tout le monde est d'accord : le problème central pour assurer la survie du SME est celui des déséquilibres extérieurs, c'est-à-dire des arbitrages nationaux entre consommation et épargne. Mais, pour lui, il faut avoir conscience que sont sources de difficultés non seulement les déséquilibres des pays en déficit mais aussi ceux des pays en excédent. Ces derniers mènent une politique trop restrictive qui pénalise leurs partenaires. Leur politique est contraire non seulement à l'esprit mais aussi à la lettre des textes sur le SME (cf. le point 5 de la déclaration de Brême). En clair, Balladur accuse l'Allemagne de trop épargner.

Pour mieux affronter Bonn sur ce point, Paris part en quête d'alliés. Rome rejoint la position française dans une déclaration de Giuliano Amato, le ministre du Trésor italien, qui met en avant le fait que la France et l'Italie sont à l'équilibre extérieur alors que l'Allemagne dégage des excédents qui dépassent 5 % de son PIB. Se noue ainsi une alliance entre Rome et Paris qui aurait pu assurer un dépassement du couple franco-allemand. Mais elle sera éphémère, ne serait-ce que parce que Jacques Chirac et Édouard Balladur quittent pour un certain temps le devant de la scène.

Annexe

Tableau 1. Bilan de la première cohabitation

	1986	**1987**	**1988**
Taux de croissance (%)	2,4	2,6	4,7
Inflation (%)	2,7	3,1	2,7
Déficit public (% du PIB)	– 3,2	– 2	– 2,6
Taux de chômage (en % de la population active)	8,6	8,7	8,4

Source : INSEE.

Commentaire : la situation économique s'améliore nettement en 1988, trop tard pour que le candidat Jacques Chirac bénéficie du bilan plutôt positif des années 1986-1988.

CHAPITRE 6

« France unie », exécutif désuni et croissance gâchée 1988-1991

Les élections présidentielles de 1988 marquent un renversement fascinant de la situation de François Mitterrand. Lui qui avait été sévèrement battu en 1986 connaît un véritable triomphe. Pour y parvenir, il mène campagne en se faisant le champion de l'union des Français (d'où son slogan « La France unie »), face à une candidature de Jacques Chirac qu'il présente comme marquée sur le plan partisan et anxiogène sur la forme de gouvernement à venir. Le troisième homme de l'élection est Raymond Barre.

Les deux anciens Premiers ministres de Valéry Giscard d'Estaing s'affrontent avec des programmes assez similaires, même si Chirac est moins libéral en 1988 qu'en 1986. Mitterrand concrétise son approche rassembleuse en n'affichant aucun programme précis. Pas de catalogue de mesures comme en 1981. Se comportant en père distant mais bienveillant de la nation, il adresse au pays une *Lettre à tous les Français*. Sur le fond, le contenu est proche des fondements de la rigueur de 1983. La tonalité économique est libérale-monétariste et la justification de ce choix est européenne. Par conséquent, c'est sous un président socialiste que le marché aura fait le plus de progrès en France. Sur le plan intérieur, le premier septennat et la cohabitation ont vu disparaître le contrôle des prix. Sur le plan des relations économiques extérieures, c'est sous ce deuxième septennat et sous un gouvernement socialiste que disparaît, le 1er janvier 1990, le contrôle des changes qu'avait mis en place Léon Blum en 1936 et qui avait atteint une forme de paroxysme avec le carnet de change de 1983.

Depuis 1983, Mitterrand a fait le choix européen et, en 1988, il ne se dédit pas et évite de replonger le pays dans le keynésianisme. Néanmoins, si la France échappe à une relance désastreuse comme en 1981 ou à une dévaluation inopportune comme en 1986, le début de ce second septennat n'est pas mis à profit pour aller jusqu'au bout des conséquences de la priorité européenne. Le nouvel élan politique aurait pu être combiné à un contexte économique favorable, celui du retournement conjoncturel, pour donner une vigueur nouvelle à l'économie française. On pouvait l'espérer, d'autant plus qu'en choisissant Michel Rocard comme Premier ministre, Mitterrand opte pour celui qui, aux yeux de tous, est le plus à même de reprendre et d'intensifier la modernisation de 1984-1986. Rocard se révèle très en deçà de ces attentes et des exigences de la situation. Certes, il ne se livre pas aux mortelles largesses keynésiennes, mais il ne rétablit pas les finances publiques à la hauteur de ce que permet le redressement conjoncturel et exige le redressement structurel.

La France unie conquiert le pouvoir

Le gouvernement qui prend les rênes du pays en juin 1988 a comme feuille de route la *Lettre* de François Mitterrand. Le socialisme en est le grand absent. Arrivant à la fin de sa carrière politique, le président n'a plus vraiment besoin de continuer à sauver les apparences. Il a évacué le socialisme avec d'autant moins d'états d'âme que, lorsqu'il a, par faiblesse, laissé son entourage mener une politique vaguement socialiste en 1981, le pays a failli y passer… Désormais, Mitterrand centre son action politique sur l'Europe. Il écrit dans sa *Lettre* : « Je me souviens de vous avoir dit, un soir de nouvel an : “La France est notre Patrie, l'Europe est notre avenir”. » Un peu plus loin, il ajoute : « J'en appelle à la volonté nationale, au sens de la grandeur, à notre capacité d'union au service des grandes causes, et l'Europe en est une. Pour qui croit à la France, l'enjeu est digne d'elle. Je m'y consacrerai. »

Pour satisfaire aux exigences de cette cause, sur le plan économique, l'entreprise est l'outil : « Créer des richesses et l'emploi est la responsabilité des entreprises ; c'est pourquoi on n'insistera jamais trop sur l'urgence d'un contrat de stabilité liant les entreprises et l'État pour une durée déterminée. Les entreprises ont besoin de savoir où elles vont, de quels atouts elles disposent, à quoi elles peuvent s'adosser. La stabilité relève aussi des devoirs de l'État. »

Et les nationalisations, la planification, sans parler encore une fois du socialisme ? L'histoire retiendra, en particulier au sujet de l'abandon des principes de 1981, le « ni-ni », pour « ni nationalisation, ni privatisation », expression qu'emploie Mitterrand dans l'entretien annonçant sa candidature. En fin de compte, il ne reste qu'un programme économique modéré que résume le dernier paragraphe de la partie économique :

> Sans croissance, il n'y a pas de réponse au chômage, même si elle n'est pas, à elle seule, la réponse. Quels sont donc, comme disent les économistes, les facteurs de croissance, ou plus simplement exprimé, quels sont donc les moyens d'en sortir aujourd'hui ? Dans les pages qui précèdent, j'en ai retenu quatre : l'investissement économique, qu'il soit matériel (les machines) ou immatériel (la recherche, les réseaux commerciaux, la force de vente) ; l'investissement éducatif, à la fois

traitement social du chômage (mieux vaut la formation que le chômage) et traitement économique (l'éducation prépare l'avenir) ; l'investissement européen, car l'Europe – je vous l'ai dit – apporte la perspective d'une croissance plus forte et d'une amélioration de l'emploi. Enfin, l'investissement social, qui donne leur juste place aux travailleurs dans l'entreprise et dans la Nation.

Face à ce programme, Jacques Chirac aurait pu se targuer de son bilan qui est loin d'être négligeable : l'inflation est stabilisée à 2,7 % ; la croissance a été de 2,4 % en 1986 et 2,6 % en 1987 – elle sera de 4,7 % en 1988, car l'économie, cyclique, amorce son retournement conjoncturel au printemps 1988. Trop tôt pour que la majorité sortante en bénéficie. Il en va de même pour le chômage : de 10,3 % en 1986, il descend à 10 % en 1988, puis 8,9 % en 1990 (taux OCDE). Mais Chirac ne pourra pas s'appuyer sur cette amélioration. Parmi ses caractéristiques, que l'histoire pourrait retenir, il y a son problème personnel avec le cycle… En 1988, il part trop tôt. En 1997, il s'illustre en créant, lui et son entourage, un cas d'école d'incompréhension de la dynamique économique à travers la décision de dissoudre l'Assemblée nationale au pire moment.

Il appartient au gouvernement qui succède à celui de Jacques Chirac de tirer le meilleur profit du retournement conjoncturel. Ce n'est pas le cas. Aucune période n'a aussi bien correspondu que la fin des années 1980 à l'idée d'un gâchis.

Michel Rocard à Matignon

Une des raisons mises en avant pour justifier la timidité relative de Michel Rocard dans son action économique est qu'il est obligé de jouer les équilibristes. D'abord, parce que, François Mitterrand ayant dissous l'Assemblée élue en 1986, le résultat n'est pas aussi favorable qu'en 1981. Rocard ne peut compter que sur une majorité relative. Il gouverne dans la précarité institutionnelle[1].

S'il doit se méfier de l'opposition qui joue son rôle, il doit aussi plus étrangement surveiller Bercy où Pierre Bérégovoy ronge son frein. Mais, surtout, il doit se méfier de l'Élysée qui le déteste. Mitterrand l'a nommé non parce qu'il apprécie enfin ses compétences, mais parce qu'il pense pouvoir rapidement s'en débarrasser. On prête à Mitterrand cette déclaration : « Je vais lever l'hypothèque Rocard ; en quelques mois, tout le monde comprendra que c'est un incapable. » Au fil du temps, l'opinion du président ne change guère. Le 9 mai 1989, pour fêter le premier anniversaire de sa réélection, François Mitterrand déjeune à Matignon. À son retour à l'Élysée, commentant le repas avec Rocard et ses conseillers, il se contente de dire : « Ce sont des barbares. »

ISF, RMI, CSG

Du passage de Michel Rocard à Matignon, les Français retiennent dans leur langage courant trois sigles : le RMI, l'ISF et la CSG. Dès son discours de politique générale, le 29 juin, Rocard annonce la recréation d'un impôt sur les grandes fortunes. Lancé en 1981, supprimé par Balladur et Chirac en 1986, l'impôt sur la fortune revient sous un nouveau nom :

1. Sur cette période et le fonctionnement du pouvoir sous Michel Rocard, parmi les nombreux ouvrages qui y ont été consacrés, un des meilleurs est probablement *Jours tranquilles à Matignon* de Jean-Paul Huchon (Grasset, 1993). À l'époque, il est directeur de cabinet de Michel Rocard.

« impôt de solidarité sur la fortune ». Le Premier ministre, cherchant à se démarquer de l'esprit de 1981, tient à préciser : « Il faut ici lever toute équivoque : l'impôt sur la fortune est une contribution de solidarité, pas une revanche contre les riches[1]. »

Le nouvel ISF doit contribuer au financement du revenu minimum d'insertion (RMI). Son rendement est estimé à 4 milliards de francs. Il doit toucher 110 000 contribuables dont le patrimoine net excède 4 millions de francs. Les taux d'imposition sont de 0,5 % pour la fraction du patrimoine net comprise entre 4 et 6,5 millions, de 0,7 % pour la fraction entre 6,5 et 12,9 millions, et de 0,9 % pour la part supérieure à 12,9 millions (ces taux sont moins élevés que ceux de l'IGF de 1981-1982). Surtout, le dispositif introduit un « bouclier fiscal », c'est-à-dire qu'il est prévu de plafonner à 80 % du revenu d'un contribuable le prélèvement total effectué au titre de l'impôt sur le revenu et de l'impôt de solidarité sur la fortune.

Le RMI est créé par la loi du 1er décembre 1988. Cette dernière définit le profil de ceux qui peuvent y prétendre : « Toute personne dont les ressources n'atteignent pas le montant du revenu minimum, qui est âgée d'au moins vingt-cinq ans ou qui assume la charge d'enfants, et qui s'engage à participer aux actions définies avec elle, nécessaires à son insertion sociale ou professionnelle, a droit au RMI. » Ce qui est important, c'est là encore la présence des idées de la « deuxième gauche » qu'incarne Michel Rocard. Le RMI ne doit pas être de l'assistanat, il est un revenu transitoire perçu alors que l'on essaie

1. John Kennedy affirmait que les communistes ont une obsession, abaisser les riches, alors que lui avait comme obsession d'élever les pauvres. C'est peut-être cette proximité intellectuelle entre Kennedy et Rocard qui fait que, dans les congrès du PS des années 1970, l'aile gauche chevènementiste dénonçait en Michel Rocard le leader de la « gauche américaine ».

de rejoindre activement le monde du travail. Des trois lettres du RMI, le « I » est essentiel. En 1989, 410 000 personnes touchent cette allocation. Pendant les cinq années suivantes, la croissance du nombre de « Rmistes » se fait au rythme de 18 % par an, notamment à cause de la récession de 1992-1993. En 1994, au sortir de cette récession, les allocataires sont 910 000, tandis que les questions sur la réalité des actions d'insertion se posent avec de plus en plus d'acuité.

Des trois sigles hérités de l'ère Rocard, c'est la CSG (contribution sociale généralisée) qui a le plus modifié la donne économique. Elle n'est pas créée immédiatement puisqu'elle voit le jour avec la loi de finances pour 1991. L'idée est de créer un impôt sur le revenu proportionnel et non progressif, antichambre de la mutation de notre impôt sur le revenu en ce que les Anglo-Saxons appellent une *flat tax*. Pour la gauche, la *flat tax* est l'abomination de la désolation. La CSG a donc des adversaires parmi les socialistes et jusqu'au sein même du gouvernement. Pierre Bérégovoy, le ministre de l'Économie et des Finances, mène une sourde lutte contre elle. Sur le plan juridique, la CSG est bizarre : c'est un impôt destiné au financement de la protection sociale. À la différence des cotisations sociales, qui ne portent que sur les revenus d'activité, elle concerne tous les revenus, y compris ceux du patrimoine, et même les sommes redistribuées par les jeux. En réalité, l'assiette fait l'objet de très peu d'exonérations. La CSG rejoint les recommandations des économistes sur le bon impôt : une assiette large et un taux bas. En l'occurrence, il est de 1,1 %. La CSG est recouvrée par les Urssaf sur les revenus d'activité, tandis que l'administration fiscale en assure la collecte sur les revenus du patrimoine.

Dès lors, le gouvernement se heurte à l'opposition des syndicats du ministère des Finances. La révolte de ce qui est désormais Bercy et non plus Rivoli[1] est larvée. Les syndicats de la direction générale des impôts et du Trésor public mènent des grèves dures, notamment en 1989 contre toute éventualité de réforme qui pourrait conduire à une fusion des deux administrations, accompagnée de compressions d'effectifs. La CSG devient une de leurs bêtes noires.

Pour effacer les critiques sur la *flat tax*, l'entourage de Michel Rocard imagine rendre la CSG non déductible. En pratique, le contribuable paie la CSG qui est proportionnelle plus l'impôt sur le revenu sur la CSG qui, lui, est progressif. Les Français vont donc découvrir le charme de devoir payer des impôts sur des sommes qu'ils n'ont pas perçues… Cela ne calme pas complètement les équipes de Bérégovoy et Matignon concède l'existence d'une franchise, déduction d'une somme forfaitaire de l'assiette salariale qui, là encore, introduit de la proportionnalité.

En quête de soutien extérieur à la majorité, le Premier ministre essaie d'amadouer les centristes en affirmant que la CSG va alléger les charges des entreprises. En effet, les sommes récoltées doivent être allouées au financement des allocations familiales. L'idée est que les allocations familiales qui ne bénéficient pas aux salariés en tant que tels ne doivent pas être financées par les seuls revenus du travail. Cette affectation permet de réduire le taux des cotisations d'allocations familiales de 7 % à 5,4 %. Mais les centristes restent de marbre.

Par conséquent, alors que le RMI a été voté à la quasi-unanimité, la CSG passe *in extremis*. Au Parlement, Rocard doit utiliser le célèbre article 49-3 de la Constitution qui indique qu'un texte est adopté si l'opposition n'arrive pas à réunir une majorité contre lui sous forme de motion de cen-

1. C'est le 2 juin 1989 que Pierre Bérégovoy s'installe dans les nouveaux locaux du ministère de l'Économie et des Finances, situés à Bercy.

sure. À l'occasion du vote sur la CSG, en novembre 1990, les communistes franchissent le Rubicon en mêlant leurs voix à celles de la droite. La motion de censure, qui doit réunir 289 voix, en recueille 284[1] ! Chaotique, l'adoption de la CSG reste comme la dernière grande réforme de la législature – en tout cas, du gouvernement Rocard. Celui-ci quitte son poste de Premier ministre en mai 1991.

Déficit structurel et chômage

L'élément le plus décevant de son bilan concerne les finances publiques. Il prend le pouvoir en plein redressement cyclique et devrait donc profiter des taux de croissance liés à ce redressement pour apurer les comptes. C'est en apparence le cas puisque le déficit budgétaire, qui était de 2,6 % du PIB en 1988, a été réduit à 2,4 % en 1990. Mais le déficit structurel est passé de 2,3 à 3,8 %. L'année 1990 correspond à l'année la plus favorable du cycle ; l'écart de production est positif et atteint 2,6 % du PIB potentiel. Dans ces conditions, les finances publiques devraient être en excédent.

Un autre signe des difficultés françaises est le maintien d'un chômage élevé. Alors que la dernière année au pouvoir de Raymond Barre, en 1980, il y avait en moyenne 1,5 million de chômeurs, la dernière année de Michel Rocard, il y en a 2,2 millions. Le marché du travail français est « grippé » et ne permet pas à l'économie de tirer profit des périodes favorables du cycle. Les pouvoirs publics restent inertes face à cette situation et s'enferment dans une logique où la réponse repose

1. Il est piquant de noter que la droite, qui mène à l'époque le combat de la motion de censure contre la CSG, non seulement ne l'a par la suite jamais supprimée, mais a même régulièrement augmenté son taux.

exclusivement à court terme sur le traitement social du chômage et à moyen terme sur l'augmentation indifférenciée des crédits à un système éducatif de moins en moins performant. Rocard se fond dans ce moule. Le traitement social perdure, complété par le RMI. Quant à l'éducation, il en augmente le budget de 25 % sans aucune vision particulière des modalités d'amélioration de ses performances. Les 80 % d'une classe d'âge titulaires du baccalauréat sont toujours d'actualité, tandis que les alertes se multiplient sur la baisse du niveau.

En 1991, le CNPF (ancêtre du MEDEF) essaie de mettre en avant un point de vue plus réaliste. Il lance une campagne « Bravo l'industrie » pour attirer les jeunes vers les métiers manuels. Il avance le fait que la France n'a pas besoin de multiplier les diplômés, mais de mieux adapter son système scolaire à la réalité de l'économie. Même s'il a conscience qu'au sein du monde enseignant, comme parmi les leaders politiques, ce discours est peu écouté, quand il n'est pas tout simplement considéré comme de la provocation, le CNPF a un secret espoir, celui de rencontrer pour une fois la volonté du nouveau Premier ministre. Il s'agit d'Édith Cresson.

De fait, lors du Conseil des ministres du 25 septembre 1991, elle lance l'objectif de doubler les effectifs des formations en alternance en cinq ans, avec l'idée qu'il faut rapprocher les formations initiales des réalités. Le pays compte alors 230 000 jeunes en apprentissage. Vingt-cinq ans après, le doublement ne sera toujours pas effectif.

Édith Cresson associe sa défense de l'apprentissage à une réhabilitation de la politique industrielle. En dix ans, de 1982 à 1992, l'emploi industriel est passé de 5,4 millions de salariés à 4,7 millions. Mais cette réhabilitation, plus encore que l'appel à davantage d'apprentissage, reste au stade de l'incantation. Les blocages dans le domaine de l'emploi, où la réforme aussi bien du code du travail que de la politique éducative n'est jamais à l'ordre du jour, limitent non seulement la croissance potentielle mais aussi le rebond conjoncturel. Alors que l'écart de production positif maximal atteint dans le cycle de la fin des années 1980 est de 2,6 % en France, il est de 3,9 % en Allemagne, de 3,3 % au Royaume-Uni et de 4,3 % en Espagne. Seule l'Italie, qui connaît des difficultés structurelles analogues à celles de la France, ne réussit qu'à remonter à 1,9 % au-dessus de son PIB potentiel.

« Sur un franc fort, nous construirons une France forte » – Chute du mur de Berlin

« Sur un franc fort, nous construirons une France forte » est une des phrases du discours d'investiture d'Édith Cresson. Le franc fort est devenu une des composantes incontournables de la politique des socialistes. L'objectif est d'avancer dans le projet d'Union monétaire européenne, préoccupation majeure de François Mitterrand.

Depuis l'échec des accords du Louvre, les Allemands veulent accélérer le projet d'Union monétaire. Après le discours de Genscher à l'occasion des débuts de leur présidence européenne, ils publient, le 15 mars 1988, un mémorandum qui définit trois pistes : que les pays membres du SME abolissent toutes les formes de contrôle des changes ; que leurs banques centrales deviennent indépendantes ; qu'ils s'engagent sur des objectifs budgétaires clairs visant à l'équilibre sur la durée du cycle économique, c'est-à-dire à l'équilibre structurel.

Le 2 juin 1988, François Mitterrand rencontre Helmut Kohl à Évian. Celui-ci n'est pas fâché de retrouver en lui un partenaire clairement plus européen que Jacques Chirac. Pour Élisabeth Guigou, future ministre des Affaires européennes qui assiste à ce sommet, les historiens qui chercheront à dater la naissance de l'euro devront choisir ce 2 juin 1988. Pour avancer, Kohl et Mitterrand confient au président de la Commission, Jacques Delors, la mission de réunir un groupe d'experts chargé de définir de façon opérationnelle la création de l'Union monétaire.

En août 1989 a lieu le 5e CEFFA, à l'invitation de Theo Waigel, qui a été nommé ministre des Finances allemand en avril. Il tient à ce que le sommet se déroule dans son Land, si bien que tout le monde se retrouve dans les Alpes bavaroises. À cette occasion, les Français annoncent aux Allemands que, conformément aux engagements pris vis-à-vis de Bruxelles, ils vont supprimer le contrôle des changes ; mais, alors que cette suppression devait intervenir « courant 1990 », elle aura lieu au 1er janvier.

L'ordre du jour contient un point clé : le statut de la future banque centrale. Pour les Allemands, son indépendance relève de l'évidence. Pour les Français, en revanche, cela ne va pas de soi. Pierre Bérégovoy et son directeur du Trésor, Jean-Claude Trichet, expriment les plus grands doutes tant sur le plan pratique que sur celui des principes démocratiques. Le président de la Bundesbank, Karl Otto Pöhl, se fait fort de les convaincre. Social-démocrate, il se veut proche de Bérégovoy. Surtout, il argumente que l'équilibre des pouvoirs réalisé en Allemagne fédérale a atteint une forme optimale grâce à l'indépendance de la Bundesbank. L'indépendance d'une banque centrale est la garantie d'une politique monétaire assurant la stabilité des prix, mais aussi d'une pratique responsabilisée des décisions politiques et des relations sociales. Face à une banque centrale indépendante, l'État est obligé de limiter son déficit dans la crainte que celle-ci se refuse à assurer un rôle de prêteur en dernier ressort automatique et à absorber sans conditions les emprunts publics que les banques pourraient lui présenter. Quant aux partenaires sociaux, ils abordent leurs négociations salariales avec la conviction de la nécessité de trouver un accord économiquement supportable. Car tout débordement dans l'évolution des rémunérations, c'est-à-dire toute évolution des salaires qui ne se ferait pas en conformité avec celle des gains de productivité, conduirait à une hausse des prix que la banque centrale indépendante sanctionnerait par une hausse des taux, synonyme de ralentissement de la croissance et de chômage.

Alors que les négociations s'accélèrent, Karl Otto Pöhl propose, en juin 1990, un vade-mecum du futur euro dont l'originalité jugée la plus provocatrice est d'en limiter l'aire géographique à la France, à l'Allemagne, au Benelux et au Danemark. À ses yeux, le Royaume-Uni ne fait partie de l'Europe que de façon formelle et les pays du « Club Med » ne sont pas prêts. C'est la dernière proposition de Pöhl, qui démissionne peu après, suite à une séquence d'affrontements entre la Bundesbank et le gouvernement fédéral. La question de l'Union monétaire européenne n'est pas le point focal de ces affrontements. Elle est passée au second plan des préoccupations de Kohl et des dirigeants de Bonn : le 9 novembre 1989, le mur de Berlin tombe, marquant la fin du communisme en Europe de l'Est avant qu'il ne disparaisse en 1991 en Russie. C'est l'entrée de l'Europe dans une ère nouvelle.

CHAPITRE 7

Maastricht

1991-1993

Pour l'Europe et pour la France, 1991 marque une rupture, et pas seulement en raison de la disparition de l'URSS. En France, la rupture est d'abord économique : 1991 est l'année du retournement cyclique. La croissance descend à 1 % alors qu'elle était de 4,4 % deux ans auparavant. La France aborde ce retournement en position défavorable : elle n'a pas utilisé la période faste du cycle, à la fin des années 1980, pour assainir sa situation budgétaire, si bien qu'elle affronte la récession avec un lourd déficit structurel (3,8 %). La rupture est ensuite politique. La cote de popularité de François Mitterrand subit une dégringolade continue. En avril 1992, sa majorité est lourdement sanctionnée dans les élections locales, ce qui l'oblige à remplacer Édith Cresson par Pierre Bérégovoy. Mais si 1991 est une année remarquable, c'est grâce à la négociation, puis la signature, du traité de Maastricht.

Traité de Maastricht

Maastricht est un aboutissement de Brême. François Mitterrand a mesuré à travers l'échec de la relance de 1981 les limites du keynésianisme, même amendé par des baisses d'impôts. Les références reaganiennes ont quitté son univers mental. Maintenant que sa réélection l'a libéré de toute contrainte politique forte, il considère que sa place dans l'histoire se construit sur sa capacité à mener à son terme son projet européen. En signant le traité, il se conforme explicitement à cette ambition. Implicitement, il choisit pour la France le camp libéral-monétariste de Bonn et de Francfort[1], et tourne le dos aux relances d'antan et aux facilités à la Greenspan.

Si le débat autour du traité de Maastricht se focalise sur la monnaie unique, son contenu est plus large. Il crée formellement l'Union européenne. La partie consacrée à l'Union économique et monétaire (UEM) est au milieu du texte, dans le titre VI. L'économie du projet est portée par les articles 102 à 107.

L'ossature en est claire et les principes définis plutôt carrés. Ils prévoient une Union monétaire reposant sur des banques centrales indépendantes ; sur un déficit public et une dette publique bornés ; sur un financement de la dette publique par les marchés et non par la banque centrale. Dans ce schéma, la banque centrale est la banque des banquiers et non de l'État. C'est le modèle de la Bundesbank, mais aussi celui de la Réserve fédérale qui ne finance pas directement l'État américain, tout en se montrant disposée à accepter la dette publique comme collatéral dans les opérations de refinancement. La dette publique est pour la banque centrale un élément de refinancement des banques, un titre financier dont il appartient aux banques de mesurer le risque qu'il représente. On met souvent en avant la différence de missions entre la Banque centrale européenne (BCE) et la Réserve fédérale américaine. Il est fréquent d'entendre dire que cette dernière aurait un objectif de croissance et pas la BCE. C'est inexact : le traité indique que la BCE contribue aux objectifs de l'Union européenne

1. Et, d'une certaine façon, de Paul Volcker.

parmi lesquels la croissance. Par-delà les textes, l'Allemagne a effectivement imposé son modèle monétaire et, pour les adversaires de Maastricht, ceux de 1991 comme ceux de 2015, ce modèle est trop restrictif et trop rigide. Cependant, il a pour lui la légitimité historique d'avoir assuré à ce pays une forte croissance et un redressement économique spectaculaire après 1948.

La souplesse de la France permet d'aboutir dans la négociation de Maastricht. En effet, à Paris, on voit bien que, en 1990, l'Allemagne n'est plus dans le même état d'esprit qu'en 1988, quand Kohl et Mitterrand flânaient sur les bords du lac Léman. La priorité allemande est la réunification et la gestion de ses conséquences. Mitterrand court après un Kohl de plus en plus fuyant. La France insiste, propose, multiplie les avances dans l'affirmation d'une nécessité européenne plus forte que jamais. En 1990, le président français parle de « gouvernement économique ». Il envisage l'UEM et une politique économique partagée comme un pas supplémentaire vers l'intégration politique de l'Europe, et il n'hésite pas à le dire. En décembre 1991, au sommet de Maastricht, c'est lui qui fait prendre à chaque délégation l'engagement de la naissance de l'euro, au plus tard au 1er janvier 1999.

Le socialisme lui a fait faux bond en 1983 ; il l'a remplacé par l'Europe. Et, en 1991, tout se passe comme si c'était celle-ci qui s'apprêtait à lui faire faux bond. Pour lui, c'est insupportable. D'autant plus qu'il n'a plus matériellement le temps de trouver et de porter un idéal de substitution. Il insiste, il se bat pour qu'aucun retour en arrière ne soit possible, avec d'autant plus d'énergie que ce combat doit se développer sur deux fronts : celui de ses partenaires et notamment des Allemands ; celui, étonnamment fragile, de la politique intérieure française.

Pour amadouer les Allemands, il propose que le traité, avant d'être soumis à l'ensemble des Européens, soit préparé par des experts des deux pays. L'expert français est le directeur du Trésor, Jean-Claude Trichet. Il rentrera probablement dans l'histoire économique de la France du dernier quart du XXe siècle comme un des personnages les plus importants de la période. Né à Lyon en décembre 1942, il est ancien élève de l'École des mines de Nancy et de l'ENA. Il en sort inspecteur des finances. Ayant rejoint la direction du Trésor, il envoie au cabinet de Jacques Delors en 1983 une analyse de la politique de rigueur reposant sur une logique de long terme. Cette stratégie devient la « désinflation compétitive ». Nul ne sait si cette expression est de sa plume ou si c'est Jean-Baptiste de Foucauld, un proche de Delors, qui l'invente. Certains en attribuent même la paternité à Raymond Barre. Toujours est-il que cette expression s'identifie très vite à Trichet. Pour les partisans de la désinflation compétitive, l'enjeu de l'après-1983 n'est pas de colmater la brèche imprudemment ouverte dans les comptes extérieurs de la France par une relance à contre-courant, mais de changer l'approche économique et de mener une politique monétaire restrictive, une politique de désindexation, notamment des salaires, et une politique de concurrence permettant au pays de jouer le jeu de la mondialisation et de l'Europe sans avoir à dévaluer sans cesse le franc.

Identifié à la désinflation compétitive, Trichet est régulièrement caricaturé et vilipendé dans les discours publics – on le qualifie en particulier de « sado-monétariste ». Néanmoins, il garde toujours le soutien des gouvernements successifs, car il se définit comme un haut fonctionnaire mettant en œuvre une politique qui relève selon lui d'un « consensus multipartisan ». Militant du PSU dans ses jeunes années, Jean-Claude Trichet est directeur de cabinet d'Édouard Balladur quand celui-ci est ministre des Finances. En 1987, ce dernier le nomme directeur du Trésor, et il est ensuite confirmé par Pierre Bérégovoy. Balladur, devenu Premier ministre, le nomme en 1993 gouverneur de la Banque de France.

C'est dans sa fonction de directeur du Trésor que la négociation de Maastricht le trouve. Son partenaire est Horst Köhler, le secrétaire d'État allemand aux Finances. Ils se voient treize fois en 1991. De leurs rencontres naissent les célèbres « critères de convergence » dont la version initiale détermine les conditions d'accès à l'UEM. Le pacte de stabilité et de croissance (PSC) les reprend par la suite pour en faire des règles du jeu au sein même de l'UEM. Lors des premières rencontres, Trichet exprime les réserves toujours présentes chez les dirigeants français à propos de l'indépendance de la banque centrale. Mais il comprend rapidement que, pour les Allemands, ce n'est pas négociable. Il échange son accord contre une certaine souplesse budgétaire : le déficit ne doit pas être systématiquement nul, mais rester inférieur aux 3 % qui furent introduits dans le circuit par la rigueur et la préparation du budget de 1984. Au lendemain d'une des dernières rencontres avec les Allemands, inquiet de la latitude qu'on lui laisse, il commente : « Pourvu que l'on n'ait pas construit le pont de la rivière Kwaï. » La formule fait le tour du Tout-Paris administratif, même si, aujourd'hui, Jean-Claude Trichet ne se souvient pas d'avoir dit cela.

Pour amadouer la classe politique, Mitterrand décide d'en appeler à l'onction populaire par référendum. Or, cette dernière semble se dérober. Le 2 juin 1992, au Danemark, le peuple consulté par référendum a voté « non » à 51 % des voix. Durant l'été 1992, les sondages sont évasifs. Le « non » peut l'emporter.

Le 3 septembre 1992, François Mitterrand, rongé par la maladie[1], livre son dernier combat politique d'envergure. Il

1. Certains de ses adversaires, notamment Charles Pasqua, vont l'accuser de surjouer la souffrance que lui inflige son cancer de la prostate, à seule fin d'attirer vers le « oui » ceux à qui cette souffrance inspire de la sympathie.

défend le traité à la télévision. Il répond aux questions de journalistes, puis débat avec Philippe Séguin. Le ministre libéral de 1986 est devenu le leader du souverainisme gaulliste. Mitterrand affiche ses convictions, ses angoisses aussi : « Vous en savez autant que moi sur les guerres qui nous ont opposés avec nos partenaires d'aujourd'hui. Elles étaient aussi graves et paraissaient aussi irrémédiables, il n'y a pas si longtemps. Moi, j'ai été soldat de la Deuxième Guerre mondiale. Je ne suis pas centenaire… Je veux dire par là que ça ne fait pas longtemps que nous avons vécu cela. C'était du même ordre que ce qui se passe aujourd'hui en Yougoslavie. » Le référendum a lieu le 20 septembre. 70 % des électeurs y participent : le « oui » l'emporte avec 51 % des suffrages exprimés.

Crise du SME

L'affaire n'est pas bouclée. Le résultat danois et les incertitudes françaises poussent beaucoup d'observateurs à n'accorder aucun avenir à la construction monétaire européenne. Le doute est renforcé par ce qui se passe en Allemagne. Le 30 juin 1990, le gouvernement étend l'usage du deutsche mark à l'Allemagne de l'Est. Le taux de conversion entre le mark de la DDR/RDA et le deutsche mark est de 1 pour 1, avec une correction liée à la mise en place d'un barème dégressif. La Bundesbank proteste contre cette mesure qui va considérablement réduire la compétitivité d'une économie est-allemande dont on découvre qu'elle est malade. Elle plaide qu'avant l'ouverture du mur, sur le marché noir de Berlin-Est, on obtenait 20 marks de la DDR pour 1 deutsche mark. Mais le gouvernement Kohl affirme que l'opération s'identifiant à la détermination d'un taux de change, qui appartient à l'État, la Bundesbank n'a pas son mot à dire. En outre, le chancelier se justifie en abordant le problème sur un plan politique. Certes, le taux de conversion de 1 pour 1 est généreux, mais si le deutsche mark ne va pas aux Allemands de l'Est, ce sont eux qui iront à lui, vidant la RDA de sa population. Dans la foulée de la réunification monétaire, le 3 octobre 1990, la réunification politique de l'Allemagne est effective.

La nouvelle Allemagne découvre un problème dont elle croyait être durablement protégée : l'inflation. En 1992, celle-ci atteint 5,2 %. En France, elle est de 2,4 %. La Bundesbank réagit en augmentant ses taux. Les pays membres du SME, ayant un change fixe avec le mark et ayant supprimé leur contrôle des changes, doivent avoir la même politique monétaire que la Bundesbank[1]. Ainsi, la France, l'Italie, l'Espagne, qui a rejoint le SME en juin 1989, mais aussi le Royaume-Uni qui en est membre depuis le 6 octobre 1990, doivent durcir leur politique monétaire.

Certains opérateurs de marché sont persuadés que cela leur sera rapidement insupportable. À leurs yeux, le SME, miné sur le plan technique par la politique monétaire allemande et sur le plan politique par le rejet danois, est condamné. Ils se lancent dans une spéculation tendant à l'explosion du système et à une forte hausse du mark. Le principe est simple : les spéculateurs empruntent des francs, des lires, des pesetas et des livres sterling qu'ils convertissent immédiatement en marks. Ces marks, ils vont les demander à la Banque de France, à la Banque d'Italie, à la Banque d'Espagne ou à la Bank of England. Ces banques centrales ont des marks en réserve qu'elles vendent jusqu'à épuisement. Elles doivent alors emprunter des marks à la Bundesbank, qui, elle, a une infinité de marks à sa disposition puisqu'elle les fabrique. Comprenons bien le calcul du spéculateur. Il emprunte 100 francs qu'il transforme en

1. Rappelons que c'est le résultat du « triangle de Mundell ».

marks. S'il n'y a aucune dévaluation, à la fin de son emprunt, il a toujours l'équivalent de 100 francs et il doit rembourser 100 francs plus l'intérêt : il a perdu. Il gagne si entre-temps intervient une dévaluation du franc par rapport au mark qui lui permet de compenser et au-delà le coût de son emprunt. Pour que la spéculation échoue, il faut, et il suffit, que la dévaluation n'ait pas lieu, c'est-à-dire que sur le marché chaque mark réclamé soit fourni. Pour que chaque mark soit fourni, il faut, et il suffit, que la Bundesbank décide d'en créer, les mettant sur le marché soit directement, soit indirectement, en les prêtant aux autres banques centrales.

Conscients de cette réalité, les gestionnaires des changes fixes ont mis en place des règles pour faire échouer la spéculation. La plus simple est que la banque centrale du pays vers lequel se portent les capitaux spéculatifs accepte de créer autant de monnaie qu'il faut pour les absorber. C'était prévu dans le cadre du système de Bretton Woods où les dévaluations devaient être décidées de façon concertée et non sous la pression de la spéculation. C'est également prévu dans le cadre du SME. En effet, en septembre 1987, dans la foulée des accords du Louvre, et avant que le krach boursier d'octobre ne révèle les réelles intentions américaines à leur égard, les Européens se retrouvent à Nyborg, au Danemark, pays assurant alors la présidence des Communautés. Ils y fixent les « règles de Nyborg » selon lesquelles la banque centrale attaquée monte ses taux d'intérêt pour que le prix des emprunts effectués par les spéculateurs soit le plus prohibitif possible ; la banque centrale qui reçoit la vague de capitaux spéculatifs crée autant de monnaie que nécessaire[1].

1. Les règles adoptées au sommet de Nyborg consistent à mobiliser l'outil monétaire face à la spéculation exclusivement. En 1972, en pleine spéculation contre le dollar, James Tobin propose lors d'une conférence à Princeton

Le 11 septembre 1992, la spéculation, jusqu'alors larvée, s'accélère. La lire italienne est en première ligne. Les accords de Nyborg jouent à plein. La Banque d'Italie monte ses taux, la Bundesbank met 24 milliards de marks sur le marché. Mais, très vite, Rome considère qu'une dévaluation n'aurait pas que des effets négatifs, notamment en termes d'effacement de sa dette par l'inflation. Les Italiens décident d'arrêter les frais, la lire est dévaluée de 7 %. C'est le premier changement de parité depuis 1987. Le 16 septembre, c'est au tour de la livre sterling anglaise de subir l'assaut. À Londres, le gouvernement Major n'est pas dans le même état d'esprit que celui de Rome. Il part dans l'idée de refuser la dévaluation. La Bank of England monte ses taux d'intérêt et attend de la Bundesbank qu'elle fournisse les marks nécessaires à la sauvegarde du taux de change entre les deux monnaies. Elle attend encore…

Le bilan le plus spectaculaire de la crise de septembre 1992 reste la sortie forcée de la livre du SME. En effet, en refusant d'apporter son soutien à la Bank of England, la Bundesbank a projeté le Royaume-Uni hors d'Europe. John Major avait réussi à contenir les eurosceptiques britanniques, d'abord en tant que chancelier de l'Échiquier de Margaret Thatcher, frénétiquement anti-européenne, puis en tant que Premier ministre. En ce 16 septembre 1992, il fait une découverte incroyable : plus sournois que les eurosceptiques anglais qui ont le mérite de ne pas avancer masqués, il y a les « anglosceptiques » franco-allemands.

---

de compléter l'outil monétaire par un outil budgétaire, en l'occurrence un impôt. Il propose de prélever une taxe sur chaque mouvement de capitaux à court terme (dans notre exemple, un achat de marks avec des francs), ce qui pénalise les spéculateurs et doit aider à les dissuader. La taxe Tobin est née. Par la suite, Tobin se désolera de voir son idée détournée et son nom transformé en slogan. Il est vrai que son œuvre et ses idées méritent mieux que les approximations partisanes dont il a été victime.

Quand les conservateurs de Margaret Thatcher prennent le pouvoir, leur objectif est de se débarrasser des trois piliers du travaillisme historique : l'inflation, un secteur nationalisé important et un État providence très généreux. En menant une politique strictement monétariste dès sa prise de fonction, Thatcher a résolu le problème de l'inflation. Mais, à la fin des années 1980, les fonctionnaires du Trésor britannique pensent que l'inflation peut ressurgir rapidement et que la consolidation de la désinflation passe par l'alignement sur la politique monétaire allemande. Dans un premier temps, Thatcher refuse. Elle met Nigel Lawson, le chancelier de l'Échiquier, sous haute surveillance. Les tensions montent jusqu'à ce que, en octobre 1989, Lawson démissionne. La raison officielle de son départ, « passer plus de temps avec sa famille », est devenue une figure de style du discours politique dans le monde anglo-saxon[1]. John Major, un proche de Margaret Thatcher, le remplace. Très vite, il reprend les arguments de Lawson et milite pour que la livre sterling rejoigne le SME. À contrecœur, Margaret Thatcher accepte en octobre 1990. Puis elle se ravise, menace de revenir en arrière. Les proeuropéens organisent la révolte et l'obligent à abandonner son poste de Premier ministre à John Major. Accusé d'avoir trahi Thatcher pour les beaux yeux du couple franco-allemand, par une triste journée de septembre 1992, il est poignardé par la Bundesbank... Implicitement, le Royaume-Uni a vécu sa répudiation monétaire comme la fin

1. Ainsi, en 2007, l'Espagnol Rodrigo de Rato, alors à la tête du FMI, a connu ce même besoin soudain et brutal de se consacrer à l'éducation de ses enfants, ce qui l'a conduit à écourter sa mission, laissant la place à Dominique Strauss-Kahn ! Seuls quelques esprits chagrins s'étaient à l'époque permis de souligner qu'à l'assemblée générale du Fonds à Singapour, en septembre 2006, il avait mené une charge violente contre les dirigeants américains et leur politique économique.

d'une illusion, celle de sa capacité à participer pleinement au projet européen.

Le 17 septembre, c'est le franc qui est en première ligne. Après la fuite italienne et le renvoi britannique, la solidarité « carolingienne » est mise à l'épreuve. Le rapport de force se crée entre, d'une part, Helmut Schlesinger, le président de la Bundesbank, et Theo Waigel, le ministre allemand des Finances, et, d'autre part, Jacques de Larosière, le gouverneur de la Banque de France, et Michel Sapin, le ministre français de l'Économie. Mais l'homme clé, c'est Jean-Claude Trichet.

Le 22 septembre, Michel Sapin et Jacques de Larosière sont à l'aéroport de New York. Ils quittent les États-Unis après l'assemblée générale du FMI et de la Banque mondiale. En plein salon VIP, le ministre téléphone à Jean-Claude Trichet resté à Washington. Le coup de fil le trouve dans un coin reculé du bar de l'hôtel Sheraton. Face à lui, il y a Helmut Schlesinger, Theo Waigel et Horst Köhler, son complice des rencontres de 1991. La Bundesbank annonce qu'elle refuse de continuer à défendre la parité du franc. Schlesinger assène : « Quand on est dans la situation du franc, on dévalue. » Puis il rappelle qu'il est indépendant. Trichet se dit « stupéfait » et « indigné ». Il mêle arguments techniques, comme le rappel des engagements pris à Nyborg, et arguments politiques, comme le danger d'une explosion du SME au lendemain même du court succès du référendum français. Vis-à-vis de son ministre, il a pris l'engagement de lui rendre compte du résultat le plus tôt possible. Depuis l'expulsion de la livre du SME, les Français sont méfiants. Ils se disent que les Allemands – ou d'autres – écoutent leurs conversations. Pour transmettre l'issue de la négociation à Michel Sapin, un code est mis au point. Si Trichet fait dire à Sapin, qui entre-temps a pris l'avion, « Je reviens », cela signifie que les Allemands restent intraitables et qu'il va falloir mobiliser François Mitterrand ; « Je reviens très vite » exprime un résultat mitigé et il suffit que Michel Sapin appelle Theo Waigel. En revanche, « Je reviens content » annonce le succès de ses démarches. Dans le Concorde, Sapin et Larosière apprennent que Trichet rentre et qu'il est content...

Le 23 septembre, la Banque de France monte ses taux de 10,5 % à 13 % et la Bundesbank lui prête les marks nécessaires pour contrer la spéculation. Jacques de Larosière fait cependant valoir que ces prêts ont un coût, si bien que la Banque de France ne peut pas emprunter à sa consœur de façon illimitée. Il précise qu'on va arriver très vite à un point où l'équilibre à long terme de la Banque de France est menacé. Il pose donc la question d'une éventuelle dévaluation le 24 ou le 25 septembre. Trichet s'y refuse et reprend son bâton de pèlerin, mais cette fois à Paris. Il plaide qu'il n'est plus temps de revenir en arrière et que la spéculation va bientôt céder. De fait, à 16 heures, le 23 septembre, les ventes de francs chutent : Trichet a gagné, le SME est sauvé et, avec lui, l'Union économique et monétaire.

Gueule de bois monétaire

Le projet ne sort pas indemne de ces turbulences. L'Italie, qui, depuis 1979, se réforme pour sortir d'un enchaînement de dévaluation et d'inflation, est retournée à ses démons. Le Royaume-Uni humilié n'a plus aucun doute sur la légitimité de son euroscepticisme. La France, désormais seule dans son tête-à-tête avec l'Allemagne, a pris conscience que huit ans après la rigueur et l'adoption de la stratégie de désinflation compétitive, sa crédibilité monétaire internationale est toujours sujette à caution. Comme pour tirer la conclusion de tout cela, en cet automne 1992, Milton Friedman, le célèbre prix Nobel d'économie et spécialiste des problèmes monétaires, écrit : « Il y a une chose dont je suis sûr : une monnaie unique remplaçant toutes les autres monnaies européennes n'existera pas encore à la fin du vingtième siècle. »

Une des séquelles de la crise de septembre 1992 est que les taux d'intérêt en France atteignent des niveaux record. À la fin de l'année, les taux courts sont encore de 10 % alors que l'inflation est de 3 %. Des voix s'élèvent pour dénoncer un prix exorbitant à payer pour maintenir le SME et le projet d'Europe monétaire[1]. On commence à saluer la sagesse anglaise (les taux courts sont redescendus à Londres à 6,8 %, soit un taux réel, déduction faite de l'inflation, de moins de 4 %), à dénoncer l'égoïsme allemand, tandis que la récession, née d'une politique monétaire ultra-restrictive et de l'enchaînement cyclique de l'économie, s'annonce pour 1993.

Pour la gauche, qui doit affronter des élections, cette situation est catastrophique. Dans un premier temps, le gouvernement, qui a encore du mal à raisonner selon la logique du cycle, ne perçoit pas réellement le retournement conjoncturel à l'œuvre. En janvier 1993, alors que déjà certains instituts de conjoncture annoncent une récession pour l'année, le Premier ministre table encore sur 1,2 % de croissance. Pourtant, les indicateurs d'une dégradation de la situation se multiplient, notamment l'exécution budgétaire. La loi de finances initiale pour 1992 prévoyait un déficit de 90 milliards de francs. La loi de finances rectificative de fin d'année prévoit un déficit de 184 milliards de francs. Il sera de 226 milliards. Cette dérive a

1. Un économiste qui exprime de la façon à la fois la plus ferme et la plus argumentée son opposition à la stratégie monétaire française de l'époque est Jean-Paul Fitoussi, professeur à l'IEP de Paris et président de l'OFCE (Observatoire français des conjonctures économiques). Son point de vue est rassemblé dans un livre : *Le Débat interdit* (Arléa, 1995). Il y dénonce le fait qu'à ses yeux l'Europe souffre du niveau anormalement élevé des taux d'intérêt depuis la création du SME.

deux conséquences : d'abord, le solde primaire, c'est-à-dire le solde hors charge d'intérêt, est désormais un déficit primaire de 52 milliards de francs. Ensuite, le déficit de 1992 est de 3,2 %, mettant la France en contravention avec ses tout nouveaux engagements vis-à-vis de l'Europe.

CHAPITRE 8

Nouvelle cohabitation
« Contre le chômage, on a tout essayé »
1993-1995

La situation économique détériorée, combinée à l'usure du pouvoir, débouche sur une défaite historique de la gauche aux législatives de mars 1993. François Mitterrand entame une seconde cohabitation, cette fois avec Édouard Balladur. Par rapport à son positionnement politique, c'est plutôt une bonne nouvelle pour le président. Balladur est supposé proeuropéen. C'est lui qui a persuadé Chirac d'appeler à voter « oui » au référendum de septembre 1992 sur Maastricht, malgré l'opposition d'une partie du RPR animée par Philippe Séguin. Pourtant, Mitterrand finira son mandat en soutenant Chirac qui avait retrouvé des accents mêlant le discours d'Égletons et l'appel de Cochin.

Indépendamment des tensions personnelles qui vont naître entre Mitterrand et Balladur, une des faiblesses de ce dernier est de ne pas jouer à fond la carte libérale-monétariste qui correspond à son image. Étrangement, il n'échappe pas à la malédiction des débuts en largesses keynésiennes.

Lucidité sur la situation économique, notamment le chômage

Le 8 avril 1993, il prononce son discours de politique générale, où il affirme son engagement européen. L'Europe, désormais, c'est l'application du traité de Maastricht et de ses principes. Le traité prévoit d'étendre à la France l'indépendance de la banque centrale qui caractérise la Bundesbank allemande. Balladur présente la chose étrangement, comme si elle était le fruit de sa propre volonté :

> Le retour à la confiance, garantie d'une baisse durable des taux d'intérêt, suppose que soit clairement affirmée et définie l'autonomie de la Banque de France. Une loi sera déposée dans les prochaines semaines pour mettre en œuvre cette réforme qui permettra à notre institut d'émission d'entamer avec les autres banques centrales, et notamment la Bundesbank, un dialogue constructif fondé sur la coopération et la prise en compte réciproque des intérêts communs. Les grandes périodes de l'histoire de la France ont toujours été les périodes où sa monnaie était solide.

La conclusion du discours est plus personnelle :

> Durant la plus grande partie de ma vie, j'ai servi l'État, notamment aux côtés du président Georges Pompidou, ce grand Français dont je tiens à saluer la mémoire et dont je m'honore d'avoir été le collaborateur. Ce fut pour moi une période féconde et heureuse à laquelle le destin assigna un terme trop brutal. Bien des années après, j'entrai dans la vie publique, sous les auspices et à la demande de Jacques Chirac, auquel m'attachent depuis si longtemps les liens d'une indéfectible amitié ; grâce à sa compétence et à son courage, son gouver-

nement eut entre 1986 et 1988 une action bénéfique pour la France ; grâce à son soutien constant, je pus moi-même m'acquitter de la mission qu'il m'avait confiée.

Évidemment, la suite des événements éclaire étrangement cette déclaration. La Banque de France devient indépendante – le traité de Maastricht l'impose plus encore que les convictions du nouveau Premier ministre –, mais l'amitié cessera d'être indéfectible – les lois de l'ambition s'imposent sur les convictions du nouveau Premier ministre.

Pendant que Balladur s'installe, Mitterrand solde son passé. Son passé politique, d'abord. En 1994, le journaliste Pierre Péan publie un livre sur sa jeunesse vichyste, ce qui lui permet dans une série d'interviews avec Jean-Pierre Elkabbach de s'expliquer sur ce passé. Son passé privé, ensuite. Il le solde en novembre 1994 avec la complicité de l'hebdomadaire *Paris Match* qui publie des photos de Mazarine Pingeot, sa fille naturelle. Son passé économique, enfin, qu'il solde dès 1993, et au passage aussi ses rapports au socialisme et aux espérances de 1981. L'opération se fait lors de l'interview du 14 juillet. Interrogé sur le fait que, au moment de son accession au pouvoir, il y avait 2 millions de chômeurs et que, en cette année 1993, où il a perdu définitivement le pouvoir réel pour ne conserver qu'un pouvoir essentiellement formel, il en laisse 3 millions en héritage[1], il lance, sur un ton las et agacé : « Contre le chômage, on a tout essayé. »

Ce qui est frappant dans le désarroi de François Mitterrand, c'est la conviction implicite que, malgré les enjeux humains qui entourent l'emploi, les économistes n'ont pas été en mesure

1. En 1980, la dernière année avant l'élection de François Mitterrand, le nombre de chômeurs en moyenne était de 1,48 million ; en 1994, la dernière année pleine de ses deux mandats, le nombre de chômeurs était de 3,17 millions.

d'apporter des solutions. La formule suscitera une réponse rapide de plusieurs essayistes : « On a tout essayé, sauf ce qui marche. » En 1994, Denis Olivennes, ancien conseiller technique au cabinet de Pierre Bérégovoy, publie une note qui frappe les esprits. Elle s'intitule « La préférence française pour le chômage ». Il y écrit : « Ce qu'il est convenu d'appeler le faible contenu en emplois de la croissance française est donc un délicat euphémisme pour désigner une réalité plus triviale : des gains de productivité insuffisants par rapport à la progression des salaires réels, ou une progression des salaires réels trop importante compte tenu de nos gains de productivité. » En langage clair, les rigidités du marché du travail empêchent que les salaires se forment selon la productivité des salariés et c'est cela qui provoque le chômage. Jean Fourastié disait la même chose en 1979.

Rapport Mattéoli, « CIP » et « stratégie de l'emploi » de l'OCDE

L'action de Balladur sur le chômage se concentre sur la baisse du coût du travail en réduisant les charges sociales. Elle aborde le problème du fonctionnement du marché du travail uniquement à travers les charges sociales, reconduisant les principes en vigueur depuis Raymond Barre. Dès juillet 1993, on supprime les cotisations familiales pour les salaires inférieurs à 1,1 SMIC et on les réduit de moitié pour les salaires compris entre 1,1 et 1,2 SMIC. Cette politique repose, au-delà du coût du travail, sur l'idée – très française – que le problème du chômage est un problème de charges sociales. Cette idée est souvent présentée comme la traduction d'une politique de l'offre face aux relances qui sont une politique de la demande. Mais une politique de l'offre constate, comme le faisait Denis Olivennes dans sa note de 1994, que, s'il y a du chômage, en toute logique économique, c'est que le prix de ce bien particulier qu'est le travail ne se détermine pas sur un marché. C'est-à-dire que le problème n'est pas le niveau des salaires mais la façon dont ce niveau est atteint, c'est-à-dire les modalités de la formation des salaires. Si le salaire se formait sur un marché sans entraves, il s'ajusterait en tant que prix du travail pour permettre un retour à l'équilibre, c'est-à-dire au plein-emploi.

Conscient de ces problèmes et des limites d'une action exclusivement centrée sur la baisse des charges, Balladur souhaite redéfinir la politique de l'emploi sur une base de plus long terme. En mai 1993, il installe la commission Mattéoli en lui assignant comme mission de rassembler les mesures qui permettraient de lutter efficacement contre le chômage. Jean Mattéoli est le président du Conseil économique et social[1]. En juillet, la commission remet un rapport d'étape qui contient 40 propositions portant sur le coût du travail mais aussi sur la formation et la rigidité du droit du travail. Ce rapport propose en particulier de revenir au principe du SMIG d'avant 1970, à la place du SMIC, c'est-à-dire au principe d'une indexation du salaire minimum sur les prix et non sur la croissance. La justification est que la croissance évolue comme la productivité de l'ensemble de l'économie, alors que le salaire minimum devrait évoluer comme la productivité des personnels les moins qualifiés. De 1970, année de la création du SMIC, à 1983, année de la rigueur qui a introduit dans l'économie la logique de désindexation, le SMIC en termes réels, c'est-à-dire en termes de pouvoir d'achat, a doublé. En déconnectant l'évolution des salaires individuels de l'évolution de la produc-

1. Qui est devenu en 2008 le Conseil économique, social et environnemental.

tivité individuelle, on tord les lois de l'économie avec comme conséquence un coût trop élevé du travail peu qualifié, que l'on corrige partiellement en réduisant les charges sociales.

Une des propositions de la commission va se révéler redoutable. Elle écrit en effet : « Tout en refusant l'instauration d'un “SMIC jeunes”, la commission recommande le développement des mesures allégeant le salaire minimum durant les deux premières années d'emploi. » Le diagnostic est limpide : le système scolaire, devenu peu sélectif, condamne les jeunes au chômage. Il faut donner un temps aux entreprises pour mieux évaluer leur compétence, une sorte de sas d'entrée dans la vie active.

Le Parlement adopte en décembre 1993 une loi quinquennale pour l'emploi qui prévoit un dispositif dit de « contrat d'insertion professionnelle » (CIP). Le CIP est un contrat de travail réservé aux moins de 26 ans pour lequel la rémunération minimale est fixée à 80 % du SMIC. Bien que le gouvernement plaide, manifestement contre l'évidence, que ce dispositif n'a rien à voir avec un SMIC jeunes, le résultat sera, comme avec la loi Devaquet, pathétique. Cette dernière visait à améliorer la formation et à permettre une meilleure appréciation des talents de chacun. La rue refuse. Balladur change d'approche : il s'engage, sur la base du rapport Mattéoli, dans l'idée de confier aux entreprises la mission d'évaluation des compétences des jeunes qui entrent sur le marché du travail, en faisant en sorte que cela ne leur coûte pas excessivement cher. Nouveau refus de la rue. Les décrets d'application de la loi paraissent en février, la rue est envahie en mars et le texte est abrogé en août… Cela paralyse Balladur qui dispose pourtant en 1994 non seulement du rapport Mattéoli, mais aussi d'un rapport fondateur de l'OCDE. Vingt ans après le premier choc pétrolier et le rapport McCracken, celle-ci publie un nouveau document supposé inspirer et orienter les politiques économiques des États membres. En vingt ans, le problème de l'inflation a disparu, le problème déterminant est le chômage. Le texte s'intitule donc « Stratégie pour l'emploi ». Il contient dix recommandations essentielles :

1. Élaborer une politique macroéconomique qui favorise la croissance et qui, conjuguée à des politiques structurelles appropriées, la rende durable, c'est-à-dire non inflationniste ;
2. Améliorer le cadre dans lequel s'inscrivent la création et la diffusion du savoir-faire technologique ;
3. Accroître la flexibilité du temps de travail (aussi bien à court terme que sur toute la durée de la vie) dans le cadre de contrats conclus de gré à gré entre travailleurs et employeurs ;
4. Créer un climat favorable à l'entreprise en éliminant les obstacles et les entraves à la création et au développement des entreprises ;
5. Accroître la flexibilité des coûts salariaux et de main-d'œuvre en supprimant les contraintes qui empêchent les salaires de refléter les conditions locales et le niveau de qualification de chacun, en particulier des jeunes travailleurs ;
6. Revoir les dispositions relatives à la sécurité de l'emploi qui freinent l'expansion de l'emploi dans le secteur privé ;
7. Mettre davantage l'accent sur les politiques actives du marché du travail et les rendre plus efficaces ;
8. Améliorer les qualifications et les compétences de la main-d'œuvre en modifiant profondément les systèmes d'enseignement et de formation ;
9. Revoir les systèmes d'indemnisation du chômage et de prestations connexes – et leurs interactions avec le système fiscal – de sorte que les objectifs fondamentaux en matière d'équité de la collectivité soient remplis sans porter atteinte au bon fonctionnement des marchés du travail ;
10. Développer la concurrence sur les marchés de produits de manière à réduire les tendances monopolistiques et à atténuer l'opposition entre travailleurs intégrés et exclus, tout

en contribuant à rendre l'économie plus novatrice et plus dynamique.

Le programme est clair : flexibilité, concurrence, formation adaptée à la réalité du marché du travail, développement de l'esprit d'entreprise. Il va au-delà d'une combinaison de baisse des charges et de traitement social du chômage.

Relent protectionniste et relance honteuse

À propos du *policy mix* de politique budgétaire et de politique monétaire, 1981 a montré ce que la France faisait de Brême et du SME ; 1993 va montrer ce qu'elle fait de Maastricht. L'Allemagne, qui a sauvé la mise à la France en septembre 1992, certes en partie pour isoler le Royaume-Uni, tombe de haut quand elle constate la politique budgétaire de Balladur. Pour les partenaires de la France, la première alerte porte sur les négociations commerciales internationales et la réforme de la PAC qui les a accompagnées. Dans sa déclaration de politique générale, Balladur déclare : « La France souffre des conditions dans lesquelles a été menée la négociation sur la réforme de la politique agricole commune. Elle redoute que ses dispositions ne soient encore aggravées par les discussions actuelles sur le GATT. Il me paraît essentiel d'assurer, dans des conditions équitables, solides, durables, l'avenir de l'agriculture française, pour des raisons qui sont à la fois morales, nationales, culturelles, économiques et politiques. »

Depuis la fin de la Deuxième Guerre mondiale, les négociations sur la libéralisation du commerce mondial se déroulent dans le cadre de ce que l'on appelle encore le « GATT » en 1993. Elles donnent lieu à de longues périodes de réunion avant qu'un accord ne se dessine, qu'on appelle des *rounds*. En

1986 commence l'Uruguay Round (la réunion de lancement s'est tenue à Punta del Este en Uruguay). Les initiateurs en sont plutôt les Européens, qui sont en train d'adopter l'Acte unique et militent pour un renforcement de la concurrence, y compris internationale. La position américaine est moins nette. Par conséquent, l'affaire avance lentement. Les difficultés se concentrent sur l'agriculture, et les divergences entre les États-Unis et l'Union européenne sur ce sujet deviennent l'élément clé de l'Uruguay Round. Les États-Unis proposent l'« option zéro » : éliminer toute intervention publique dans l'agriculture à l'échéance de l'an 2000. C'est-à-dire la suppression en dix ans des aides liées à la production ; la suppression en cinq ans des subventions à l'exportation ; la suppression en dix ans de toute protection aux frontières. En pratique, cela signifie la disparition de la PAC. Les Européens répliquent mais décident de profiter de l'occasion pour la réformer. Le commissaire en charge du dossier est l'Irlandais Mac Sharry, qui conçoit une réforme allant vers une plus grande libéralisation des marchés. Son objectif est triple : tenir compte du fait que, depuis les débuts de la PAC dans les années 1960, l'Europe est passée d'une situation de manque alimentaire à une situation de surproduction agricole ; que le pays agricole de référence des années 1960 était la France alors qu'au début des années 1990, les pays dont l'économie est encore essentiellement agricole sont ceux de l'Europe du Sud qui ont rejoint la Communauté dans les années 1980 ; de la nécessité de trouver un accord avec les Américains à propos du GATT. Mac Sharry formule le résultat de ses travaux en 1992.

Le ministre français de l'Agriculture est alors Jean-Pierre Soisson, ministre d'ouverture dont la force politique tient au soutien de François Mitterrand. Il négocie pour maintenir le revenu des agriculteurs mais ses consignes sont claires : la France ne doit pas se mettre à dos ses partenaires au moment où Maastricht ouvre de nouvelles perspectives. Il accepte donc le dispositif Mac Sharry. Son architecture repose sur une baisse des prix garantis – système qui, par le biais d'aides indirectes, assurait aux agriculteurs un prix minimum pour leur production et donc leur garantissait un certain revenu. Pour éviter une baisse concomitante du pouvoir d'achat des agriculteurs, la nouvelle PAC prévoit des paiements directs aux producteurs, proportionnels à la taille de leur exploitation. Du point de vue des Américains, cela va dans le bon sens et, en novembre 1992, un accord est signé entre les États-Unis et l'Union européenne. Ce sont les « accords de Blair House », en référence à un bâtiment officiel de Washington.

L'encre est à peine sèche que le nouveau gouvernement français les conteste. Le nouveau ministre de l'Agriculture est Jean Puech, sénateur de l'Aveyron issu de l'UDF. Balladur sait que Chirac l'attend au tournant sur ce dossier. C'est pourquoi il préfère le confier à un des proches de Chirac en la personne d'Alain Juppé, le ministre des Affaires étrangères. Le 20 septembre 1993 se tient à Bruxelles un « Conseil Jumbo[1] ». Juppé annonce d'emblée que la France veut renégocier. À Bruxelles, l'irritation est palpable. Pris entre le marteau agricole chiraquien et l'enclume libérale bruxelloise, Édouard Balladur et Alain Juppé cherchent une porte de sortie. Ils la trouvent dans la stratégie dite des « clarifications ». Ils plaident qu'ils ne reviendront pas sur les principes fixés et les accords donnés par Jean-Pierre Soisson, mais que les formulations adoptées à Blair House prêtent à confusion. La Commission s'empresse de faire des concessions de forme, Balladur et Juppé font semblant d'avoir obtenu les « clarifications » qu'ils avaient deman-

1. Dans le jargon des eurocrates, il s'agit d'un conseil qui réunit les ministres des Affaires étrangères et de l'Agriculture des pays de la Communauté.

dées et, le 15 décembre 1993, l'Uruguay Round se conclut par un accord dont la France fait partie et qui reprend les accords de Blair House. Le tout sera solennellement ratifié le 15 avril 1994 à Marrakech[1].

Malgré l'issue positive de cette affaire du GATT, à Bruxelles et à Bonn, on constate avec inquiétude et agacement que la France semble de nouveau en rupture européenne. Et sa politique budgétaire n'est pas rassurante en la matière. La France, qui a signé en 1991 et fait ratifier en 1992 par sa population un texte prévoyant de limiter le déficit budgétaire à 3 % du PIB, termine l'année 1993 avec un déficit de 6 %. Certes, Balladur a un héritage en la matière et il est lourd : le déficit budgétaire au titre de 1992 a été de 3,2 %. En outre, 1993 est une année de récession. La production se contracte de – 0,6 %. Si la récession justifie l'acceptation d'un déficit conjoncturel, celui-ci devrait être de – 1,3 %. Avoir un déficit total de 6 % signifie que le déficit structurel a bondi à 4,7 %.

Ne pouvant rester passif et jouer l'insouciance, Balladur concentre son effort sur ce qui lui paraît le plus pénalisant à long terme dans ce déficit : la Sécurité sociale. Le ministre des Affaires sociales est Simone Veil, qui fut le ministre emblématique de la Santé de Valéry Giscard d'Estaing. Deux mesures phares sont prises : une augmentation du ticket modérateur, c'est-à-dire de la part qui reste à la charge du patient, de 25 % à 30 % ; mais surtout une augmentation de la CSG de 1,1 % à 2,4 %. La droite, qui avait cherché à renverser Michel Rocard lors de l'instauration de la CSG, non seulement ne la supprime pas mais la trouve bien utile et bien pratique…

1. Au sommet de Marrakech, il est également décidé de transformer le GATT en Organisation mondiale du commerce (OMC ou, en anglais, WTO).

C'est surtout en matière de retraite que des mesures structurelles sont adoptées à l'été 1993, au nombre de quatre :

– la durée de cotisation nécessaire pour avoir droit à une pension à taux plein passe de 150 trimestres à 160 trimestres, soit 40 ans. Ce changement entre en vigueur progressivement : un trimestre supplémentaire est nécessaire au 1er janvier 1994, puis un trimestre de plus chaque année au 1er janvier, pour arriver à 160 trimestres au 1er janvier 2004 ;
– les pensions sont calculées sur les vingt-cinq meilleures années de cotisation, au lieu des dix meilleures ;
– une indexation des pensions de retraite sur l'indice INSEE des prix à la consommation, et non plus sur celui des salaires. Sur le plan économique, cela signifie que les retraités sont déconnectés de l'évolution de la croissance économique. En effet, pour transmettre les gains de productivité faits par une économie, il y a deux moyens : soit on baisse les prix et les gens dont les revenus sont indexés sur l'inflation peuvent alors en bénéficier ; soit on augmente les salaires et ne bénéficient des gains de productivité que les salariés ou les agents économiques dont les revenus sont associés à l'évolution des salaires. Avant 1993, c'était le cas des retraités. Avec cette réforme, ils n'ont comme mode de gain potentiel de pouvoir d'achat que la déflation, l'indexation jouant en général à la hausse et non à la baisse ;
– une simplification administrative dans la gestion des retraites avec la création du Fonds de solidarité vieillesse (FSV), chargé de financer les avantages non contributifs (minimum vieillesse, avantages familiaux).

Cette réforme importante, prise pendant l'été, est bien acceptée par une population qui subit la récession et qui accorde encore une certaine confiance au nouveau Premier ministre.

En mars 1995 se tient le 16e CEFFA à Paris. Français et Allemands réitèrent leur concordance de vues sur le fait que le respect des critères de convergence, pour la période de transition jusqu'à la phase finale de l'UEM, est une condition *sine qua non* : « La France et l'Allemagne s'opposeront énergiquement à toute tentative d'assouplir les critères. » Pas de déficit supérieur à 3 % du PIB. Pas de dette publique supérieure à 60 % du PIB. Sauf que, cette année-là, malgré les mesures prises en matière de finances sociales, le déficit en France est de – 5,5 % du PIB.

En deux ans d'Édouard Balladur à Matignon, la dette publique est passée de 39,7 % du PIB – son niveau au mois de mars 1993 – à 49,4 % du PIB en mars 1995. Pendant cette période, la dette publique a plus augmenté en point de PIB que pendant les cinq ans de la mandature Mauroy-Fabius.

Édouard Balladur en porte-à-faux monétaire

Sur le plan monétaire, en pleine convalescence post-crise du SME, le gouvernement Balladur entretient là encore une certaine confusion, malgré les intentions affichées et les convictions incontestablement proeuropéennes d'Edmond Alphandéry, le ministre de l'Économie[1]. Dans son discours de politique générale, le Premier ministre a déclaré : « Pour assainir notre économie, la première condition est bien naturellement la solidité et la stabilité de notre monnaie. Je tiens à réaffirmer mon attachement à l'actuelle parité entre le franc

1. Docteur en sciences économiques et professeur agrégé de l'enseignement supérieur, Edmond Alphandéry est économiste de formation.

et le deutsche mark. C'est le fondement du système monétaire européen ; c'est la condition d'une baisse durable des taux d'intérêt déjà amorcée et qui contribuera à redonner dynamisme à l'investissement comme à la consommation. »

La dévaluation compétitive de 1986 est donc oubliée. Et pourtant, la première mission d'Edmond Alphandéry va en effet à l'encontre de cette affirmation. Il s'agit du lancement d'un grand emprunt public au taux de 6 %. L'objectif est de ramener l'épargne des Français vers le financement à long terme. En effet, les placements de court terme, dont la rémunération est indexée sur la politique monétaire, c'est-à-dire en pratique sur les taux de la Bundesbank, bénéficient de l'action violente que celle-ci mène pour casser l'inflation en Allemagne. Certains donneront néanmoins une interprétation différente au lancement de cet emprunt : l'opération serait plus politicienne qu'économique. Depuis les réformes de Pierre Bérégovoy en 1986, l'État s'adresse aux SVT pour se financer. À charge pour eux de se tourner vers le public pour placer les titres acquis. La population n'a plus de lien direct avec la dette publique et ignore souvent qu'elle en détient par le biais des contrats d'assurance-vie. Balladur a conscience qu'associer son nom à un emprunt peut rendre populaire. En 1993, beaucoup ont en mémoire les emprunts « Pinay ». Pour que cela ait du succès auprès de la population, il faut non seulement un taux d'intérêt attractif mais aussi des avantages annexes, qui sont souvent fiscaux (le Pinay était exonéré de droits de succession) ; ils peuvent être également des mécanismes d'indexation (le Giscard de 1973 était indexé sur l'or). Pour le Balladur de 1993, l'avantage associé à la souscription est de pouvoir convertir ses titres en actions des sociétés en cours de privatisation. Le résultat est un succès incontestable : 110 milliards de francs sont collectés, soit plus de 1 % du PIB, alors que l'objectif était de 40 milliards. Cet emprunt pose problème de façon indirecte. Après son lancement, pour garder sa crédibilité, il n'est pas question de faire apparaître des taux d'intérêt supérieurs à ses 6 %. Cela limite très concrètement la capacité de la Banque de France à appliquer les accords de Nyborg. Les spéculateurs ne s'y trompent pas et le 25 mai, jour de lancement du « Balladur », est aussi le jour de lancement d'une nouvelle vague de spéculation.

Les maladresses du gouvernement achèvent de convaincre les spéculateurs que cette fois, c'est la bonne. Le 25 juin doit se tenir une réunion CEFFA. La veille, Alphandéry déclare à la radio : « Le franc est au moins aussi fort dans le SME que le mark, et donc nous allons pouvoir discuter avec les Allemands des conditions d'un assouplissement du crédit. » La réaction de la Bundesbank est immédiate : elle rappelle qu'elle est indépendante des autorités politiques allemandes et donc qu'elle l'est encore davantage des autorités politiques françaises. Dans la foulée, Theo Waigel, le ministre allemand des Finances, demande le report du CEFFA.

Début juillet, les demandes d'échange de francs contre des marks prennent de plus en plus d'ampleur. La Banque de France semble devoir revivre le cauchemar anglais de l'été 1992. Pour faire face à la spéculation, elle a en caisse en réserves de change l'équivalent de 160 milliards de francs. Fin juillet, elle a dû changer pour 340 milliards. Elle n'a pu le faire qu'en empruntant l'équivalent de 180 milliards de francs à la Bundesbank. De nouveau, Jacques de Larosière tire la sonnette d'alarme. Balladur hésite ; à contrecœur, Trichet finit par accepter l'idée d'une dévaluation. Néanmoins, il conseille au Premier ministre de trouver un habillage de façon à ne pas avoir à admettre qu'il a été obligé de dévaluer.

Le 30 juillet, pour en sortir, Trichet réunit dans son bureau Français et Allemands. Un sommet européen est décidé pour le 1er août. À l'ouverture, la France et le Danemark suggèrent que l'Allemagne laisse flotter sa monnaie, proposition immédiatement acceptée par cette dernière. Mais les Pays-Bas et la Belgique mettent leur veto. Les pays du Benelux se montrent virulents, accusant les Français d'inconséquence et de désinvolture économiques. Le ministre néerlandais des Finances conclut une violente diatribe anti-française en indiquant que si le mark flotte par rapport aux autres monnaies du SME, les Pays-Bas maintiendront un change fixe du florin par rapport au mark. Néanmoins, le 2 août 1993, les pays du SME avalent une nouvelle couleuvre franco-allemande. Les marges de flottement des devises entre elles passent de plus ou moins 2,25 % à plus ou moins 15 %. Le 9 août, la Banque de France peut enfin baisser son taux d'intervention de 0,25 point. Le deutsche mark, qui valait 3,40 francs à l'accession au pouvoir d'Édouard Balladur, vaut 3,50 francs le 15 août 1993. Le SME est de nouveau sauvé, mais on peut dire que c'est au prix de sa dénaturation : quel sens a un système de change fixe où les marges de fluctuation vont de + 15 % à – 15 % ?

Il serait injuste de limiter l'action d'Edmond Alphandéry à une phrase malheureuse. Il reprend le chantier des privatisations interrompu par le « ni-ni » mitterrandien : le Crédit local de France[1], Rhône-Poulenc, la BNP (Banque nationale de Paris), Elf-Aquitaine, l'UAP (Union des assurances de Paris) et la Seita (Société d'exploitation industrielle du tabac et des allumettes, une société d'État qui a remplacé, en 1980, le Seita, service d'exploitation industrielle des tabacs et des allumettes qui faisait partie du ministère des Finances) ; parallèlement, la part du capital de Renault non détenu par l'État est substantiellement augmentée. En outre, certaines entreprises publiques, dont la situation financière est devenue critique (Air France,

1. Son aventure sera malheureuse car, devenu Dexia, il a fait faillite lors de la crise de 2008-2009.

Crédit lyonnais), font l'objet de plans de restructuration et de recapitalisation.

Edmond Alphandéry est également le ministre qui fait adopter, en août 1993, conformément au traité de Maastricht, la modification du statut de la Banque de France. Celle-ci retrouve son indépendance, qu'elle avait perdue avec sa nationalisation partielle en 1936, puis totale en 1945. En matière monétaire, c'est le moyen le plus clair de confirmer sans ambiguïté l'attachement du gouvernement au traité de Maastricht. Cette indépendance va jouer un rôle d'autant plus marquant qu'un événement, qui peut paraître anecdotique, mais dont les conséquences vont se révéler étonnamment salvatrices, intervient en juin 1993 : la démission de Jacques Attali comme président de la Banque européenne pour la reconstruction et le développement (BERD). Cette dernière a été créée à la suite de la chute du mur de Berlin pour financer la restructuration économique des anciennes « démocraties populaires » et aider ce qui est encore en 1991 l'Union soviétique à réaliser une transition libérale de son économie. Après de laborieuses négociations, il est décidé de son installation à Londres en échange de la désignation à sa tête d'un Français : Jacques Attali.

Au printemps 1993 commence dans la presse britannique une campagne contre lui. Les révélations se multiplient sur sa gestion plus ou moins scabreuse des fonds de l'institution. On l'accuse d'avoir dépensé sans compter pour l'aménagement du bâtiment. La présence excessive de marbre dans les locaux serait la manifestation de sa mégalomanie, si bien que l'on se met à parler de « Marblegate », un scandale comme celui du Watergate, mais tournant autour de l'excès de luxe des bureaux. Attali se défend tandis que la presse anglaise distille les révélations. Parmi la foule de détails sur son comportement, on découvre qu'il s'est fait rembourser deux fois un voyage à Tokyo. Incapable de se justifier, il démissionne.

À Paris, Balladur, qui ne s'est pas encore mis Mitterrand à dos, défend l'ancien protégé du président. Néanmoins, comprenant qu'il est indéfendable, il négocie son remplacement par un Français, Jacques de Larosière. À l'été 1993, celui-ci rejoint Londres, laissant vacant le poste de gouverneur de la Banque de France. Balladur nomme à sa place Jean-Claude Trichet dont l'arrivée à la tête de la Banque de France, de par son passé, conforte l'avenir monétaire européen.

CHAPITRE 9

Jacques Chirac, du club « Phares et balises » au plan Juppé 1995-1997

Édouard Balladur annonce sa candidature à l'élection présidentielle le 18 janvier 1995. Parti favori, il est détruit par la campagne. Rendu sympathique auprès de l'opinion par les médias satiriques, à travers notamment un étrange slogan (« Mangez des pommes »), Jacques Chirac accède, après deux tentatives infructueuses, à l'Élysée. Sa campagne inquiète les partenaires européens. Certes, il y avait dans ses soutiens des « Européens » et les partenaires de la France pouvaient douter des intentions de Balladur, qui compte parmi ses partisans l'eurosceptique Charles Pasqua. En réalité, la question est de savoir au bout de combien de temps Chirac se débarrassera de ses intentions keynésiennes amendées pour rejoindre l'Europe et ses positions libérales-monétaristes. Un premier pas est fait avec le choix du Premier ministre, Alain Juppé. Le deuxième, décisif, s'opère en octobre 1995 avec le plan de redressement des comptes sociaux auquel le Premier ministre attache son nom.

Campagne électorale et premiers pas loin de Maastricht

Pendant la campagne, Chirac ratisse large, ses soutiens allant du libéral Alain Madelin au souverainiste Philippe Séguin. Cependant, comme il cherche à se démarquer de Balladur, il remet dans le circuit ses positions de la fin des années 1970. Il proclame que ses inspirateurs sont les membres du club « Phares et balises[1] » qui rassemble des intellectuels souverainistes et protectionnistes – Jean-Claude Guillebaud, Régis Debray et Emmanuel Todd. Ce seraient eux les inventeurs de la « fracture sociale » qui devient la référence des discours de Chirac, eux encore qui donnent un côté « gauche à l'ancienne » à sa campagne. Et, pour enfoncer le clou, Chirac attaque Trichet, devenu gouverneur de la Banque de France, qui a un double mérite en tant que cible : il a été le directeur de cabinet de Balladur et il symbolise la politique monétaire restrictive menée au nom de l'Europe.

Début avril 1995, Trichet présente le rapport de la Banque de France pour 1994. Il commente la situation économique et fait des recommandations. Il préconise notamment des hausses de revenus « mesurées » qui n'entraînent pas un surcroît d'inflation et qui préservent la compétitivité, seul moyen d'éviter davantage de chômage. Le 13 avril, Jacques Chirac s'en prend à lui à la radio. Il commence par l'accuser de se mêler de ce qui ne le regarde pas : « Le gouverneur n'est pas là pour indiquer au gouvernement quelle est la politique qu'il doit mener sur le plan économique, pas plus que pour dire aux partenaires sociaux ce qu'ils doivent faire. » Puis il élargit son propos. Qui sont ses ennemis dans cette campagne électorale ? Les

1. Créé en 1992 dans un double refus de la première guerre du Golfe et du traité de Maastricht, ce club est aujourd'hui dissous.

« adeptes du conformisme intellectuel », qui pensent qu'on ne peut lutter contre le chômage « qu'à condition de diminuer le pouvoir d'achat des salariés d'ici l'an 2000 ». C'est « tout simplement absurde économiquement et injuste socialement ». Et il conclut en déclarant à propos de Jean-Claude Trichet : « Je considère que j'ai autant de compétences et de titres pour en parler que ces gens-là. Ce n'est pas parce qu'il a des responsabilités que personne ne lui conteste que l'on doit prendre pour parole d'évangile tous les jugements qu'il profère. »

Devenu président, Jacques Chirac se modère. C'est ainsi notamment qu'est interprétée la nomination d'Alain Juppé à Matignon, car il est une sorte de pendant de droite de Laurent Fabius. Fabius est né en 1946, Juppé en 1945. Ils sont tous les deux normaliens et énarques. À la sortie de l'ENA, Fabius choisit le Conseil d'État et Juppé l'Inspection des finances. Fabius a associé son destin au grand leader de la gauche qu'est Mitterrand, Juppé à celui de la droite qu'est Jacques Chirac, qui l'a gratifié du titre de « meilleur d'entre nous », alors que les membres du RPR, le parti chiraquien, l'ont surnommé « Amstrad », une marque d'ordinateurs des années 1970-1980. Dans son interprétation positive, ce surnom correspondrait à la fascination exercée par sa formidable intelligence. Certains mauvais esprits rappellent néanmoins que la publicité pour Amstrad mettait en avant un crocodile prêt à tout avaler, et que le fringant inspecteur des finances gaulliste était lui-même vorace sur le plan politique. Quoi qu'il en soit, Juppé sera toute sa vie fidèle à Jacques Chirac et à un positionnement économique modéré, sans être entièrement libéral.

Lorsque Juppé prononce son discours de politique générale, le 23 mai 1995, la « fracture sociale » est encore à l'ordre du jour. Chirac impose à son Premier ministre de commencer le nouveau septennat sous le signe du « gaullisme social ». Une des phrases de ce discours d'investiture incarne parfaitement ce positionnement : « Tant par souci d'efficacité économique que de cohésion sociale, le gouvernement souhaite que les salariés aient leur juste part des fruits de la croissance revenue. » Et Juppé d'annoncer une hausse significative du SMIC. Jacques Chirac aborde son septennat en partisan de la « relance par la consommation » qui fit les malheurs de 1981.

L'Europe se rappelle au bon souvenir de Paris

Néanmoins, il a rapidement des doutes sur l'opportunité de poursuivre dans le sens d'une politique keynésienne. Sur le plan européen, le SME est de nouveau secoué. Au printemps 1995, la peseta a été dévaluée de 7 %. Au premier semestre 1995, la France exerce la présidence de l'Union européenne. Fin juin se tient à Cannes le sommet de conclusion de cette présidence. Un bilan est présenté de l'évolution des devises des membres du SME. Il est accablant : entre août 1992 – veille de la grande offensive de la spéculation – et juin 1995, la lire italienne a été dévaluée de 51 % par rapport au mark et la peseta espagnole de 42 %. Ces dévaluations sont supérieures à celle de la livre sterling qui a quitté le SME et qui n'a perdu que 28 % de sa valeur par rapport à la monnaie allemande. Chirac s'emporte contre Lamberto Dini, le président du Conseil italien. Il accuse l'Italie de tordre les principes de l'Europe en ayant recours à des dévaluations compétitives à répétition. Dini admet que son pays a relâché ses efforts mais lui répond vertement que la politique économique menée par la France est aussi peu rigoureuse.

Fin septembre, Chirac sent qu'il est à la croisée des chemins. Il appelle Helmut Kohl pour lui demander s'il souhaite réellement créer l'euro. Surpris de la question, Kohl indique que les Allemands n'ont pas l'habitude de revenir sur leurs engagements. Le 25 octobre, Chirac est à Bonn : il vient confirmer que, le lendemain, il annoncera aux Français son propre « tournant de la rigueur ».

Canossa « maastrichtien » et nouvelle correction libérale-monétariste

Paradoxalement, le retournement « libéral-monétariste » de Chirac a commencé par la démission forcée du ministre le plus libéral du gouvernement, Alain Madelin. Nommé ministre de l'Économie et des Finances au mois de mai, avec le rang protocolaire de numéro 3 du gouvernement, il démissionne le 25 août. On lui reproche une interview où il a déclaré qu'il fallait s'en prendre aux acquis sociaux, aux « mauvaises habitudes », aux retraités de la fonction publique qui cotisent moins longtemps que ceux du privé. En août, vouloir remettre en cause le fonctionnement des régimes spéciaux de retraite est encore hérétique. À l'automne, lorsque la bise (des déficits) fut venue, la position de Madelin s'impose sans lui... Philosophe, il commente : « Avec Juppé, je me suis bien entendu... les premières quarante-huit heures [...]. Début août, nous étions d'accord sur tout. Fin août, il avait changé d'avis sans que je comprenne pourquoi. » Son successeur est Jean Arthuis.

Le soir du 26 octobre 1995, Jacques Chirac est interrogé par le journaliste Alain Duhamel. Son message tient en trois points : il faut réduire nos déficits publics ; cette réduction est de toute façon nécessaire « pour entrer dans la monnaie unique européenne » ; la Banque de France a raison « de faire de l'assainissement financier le préalable à la baisse des taux d'intérêt ». Mais qui est ce gouverneur de la Banque de France à qui Jacques Chirac donne raison ? Jean-Claude Trichet.

Le 8 novembre, les responsables du club « Phares et balises » sont invités à un petit-déjeuner avec le président.

Chirac les convie pour leur dire « adieu ». De même que la rigueur de 1983 a marqué à la fois l'abandon des embardées irréalistes de 1981 et la substitution du projet européen au projet socialiste, de même le plan Juppé de novembre 1995 marque à la fois l'abandon d'une énième et fantasmagorique application des théories du « gaullisme social », l'abandon de l'idée d'une relance de la consommation obtenue par la hausse des salaires et le ralliement – momentané – de l'ancien rédacteur de l'appel de Cochin au projet européen.

Plan Juppé

Le Premier ministre se met en devoir de concrétiser la nouvelle ligne. Il présente le 15 novembre un plan d'assainissement des comptes sociaux, qui sont ceux dont la dérive inquiète le plus à long terme. Balladur a engagé l'opération en réformant les retraites. Juppé prolonge son action. Il détaille plusieurs mesures avant de conclure : « Les déficits d'aujourd'hui, nous le savons bien, ce sont les impôts de demain, car tout le monde, l'État comme la Sécurité sociale, doit un jour rembourser ses dettes. Les déficits d'aujourd'hui, c'est aussi le chômage d'aujourd'hui et de demain parce que le laxisme budgétaire a un double effet pervers : il pousse les taux d'intérêt à la hausse, ce qui asphyxie l'économie ; il rend inéluctable l'alourdissement de la pression fiscale. »

Le plan Juppé est avant tout l'annonce d'un certain nombre de mesures redéfinissant le fonctionnement de l'État providence français. On peut les résumer en six points :

– un allongement de la durée de cotisation de 37,5 à 40 annuités pour les salariés du secteur public, ce qu'il est convenu d'appeler les « régimes spéciaux », mesure constituant un alignement sur le secteur privé (depuis la réforme Balladur des retraites de 1993). Dans le discours de Juppé, l'annonce de cette mesure repose sur la mise en place préalable d'un groupe de travail chargé de faire des propositions sur les retraites publiques ;

– l'établissement d'une loi annuelle de la Sécurité sociale (présentée au Parlement sous forme de projet de loi de financement de la Sécurité sociale, que les spécialistes se mettent à appeler le « PLFSS ») qui fixe les objectifs de progression des dépenses maladie (l'objectif national de dépenses d'assurance maladie, ou ONDAM) et envisage la mise en place de sanctions pour les médecins qui dépassent cet objectif ;

– un accroissement des tarifs d'accès à l'hôpital et des restrictions sur les médicaments remboursables, associé à une réforme de la gouvernance des hôpitaux ;

– le blocage et l'imposition des allocations familiales versées aux familles ;

– une augmentation des cotisations maladie pour les retraités et les chômeurs ;

– la création d'institutions régionales en charge de la tutelle des hôpitaux : les agences régionales de l'hospitalisation.

Le plan Juppé est presque unanimement salué pour son courage et sa cohérence par la presse et les grands leaders politiques. Certes, le 24 novembre, les syndicats organisent une journée d'action. Les motifs sont divers : il y a ceux qui déplorent le recul de l'âge de départ à la retraite dans le secteur public ; ceux qui critiquent la logique du PLFSS, faisant du Parlement et du pouvoir politique le véritable décideur en matière de gestion de la Sécurité sociale quand ce devrait être les partenaires sociaux ; il y a également parmi les syndicats de la SNCF ceux qui contestent le « contrat de plan » supposé régir l'avenir de l'entreprise. Mais si le succès de la journée du 24 novembre est réel, tout le monde pense que l'on va en rester là.

Or, le lendemain, cheminots et agents de la RATP refusent de reprendre le travail. Commence un mouvement de grève qui va faire perdre 6 millions de journées de travail, dont les deux tiers dans le secteur public. La grève est spectaculaire car la combinaison des arrêts de travail des agents de la SNCF et de la RATP paralyse la région parisienne qui est le théâtre de gigantesques embouteillages. Le 12 décembre, 2 millions de personnes manifestent dans toute la France pour réclamer le retrait du plan Juppé. Le 14 doit se tenir à Paris une importante réunion sur le conflit en ex-Yougoslavie, pour ratifier les accords dits de « Dayton » qui mettent un terme aux affrontements en Bosnie. Les diplomates et les dirigeants des pays concernés doivent se retrouver à l'Élysée. Or, le palais présidentiel est rendu inaccessible par les embouteillages. Il faut organiser des rotations d'hélicoptère entre l'aéroport et l'esplanade des Invalides pour permettre à la séance de signature de se tenir.

Excédé et humilié, Chirac veut en sortir au plus vite et désavoue son Premier ministre. Le 15 décembre sont annoncés le retrait du plan Juppé et la tenue d'un grand sommet social le 21. En pratique, les retraites des régimes spéciaux sont écartées de la réforme, tandis que la fiscalisation des allocations familiales est abandonnée. En revanche, le reste du plan, notamment la création du PLFSS, de l'ONDAM et des ARH, sera mis en œuvre par des ordonnances prises à compter de janvier 1996. L'une d'entre elles crée en particulier la Caisse d'amortissement de la dette sociale (CADES), en charge du remboursement de la dette sociale accumulée. Elle est financée par une nouvelle contribution (Contribution pour le remboursement de la dette sociale, ou CRDS) qui est une copie conforme de la CSG.

Un endettement public lourd

Douze ans après la rigueur, le plan Juppé s'est imposé non seulement pour des raisons européennes mais aussi parce que l'endettement public s'est accru dangereusement. En 1998, la commission des finances du Sénat demande à Bercy de faire un point sur l'augmentation de la dette publique. Le rapport des experts de Bercy, adopté, puis publié par la commission des finances du Sénat, part du constat que la dette publique est passée, du 31 décembre 1979 au 31 décembre 1997, de 21,7 % du PIB à 58,2 %. Il décompose cette augmentation de 36,5 points de PIB en quatre facteurs explicatifs :

– la déformation de la dette initiale. Son poids a baissé à cause de l'inflation, forte au début des années 1980, et de la croissance économique. Mais il a augmenté du fait de la nécessité de refinancer cette dette à des taux d'intérêt très élevés. La reconduction de la dette de fin 1979 représente fin 1997 24,7 % du PIB ;

– les nationalisations suivies des privatisations ont modifié le patrimoine de l'État. Le bilan de l'opération à la fin de 1997 est un accroissement de la dette de 3,3 points de PIB ;

– dans une économie cyclique, le jeu des stabilisateurs automatiques (voir les détails en annexes, p. 163-165) doit normalement s'annuler. Les périodes d'expansion correspondent à l'apparition d'excédents conjoncturels qui compensent les déficits conjoncturels des phases de récession. Cette compensation serait parfaite si le cycle était parfait, avec une régularité de fonction trigonométrique. Comme ce n'est pas le cas, le ministère des Finances évalue l'endettement conjoncturel à 0,9 point de PIB ;

– reste le déficit structurel, hors charge de la dette de 1979, ce que l'on appelle le déficit structurel primaire qui représente 29,3 %.

L'essentiel de l'accumulation de la dette est dû à une incapacité des dirigeants à faire payer les impôts correspondant aux dépenses effectuées. Soit qu'ils aient estimé que la légitimité de ces dépenses n'était pas suffisante pour en demander le paiement « rubis sur l'ongle » à la population, soit qu'ils aient considéré qu'un financement par la dette plutôt que par l'impôt avait un impact plus favorable à la croissance. Pour Philippe Marini, le sénateur qui signe le rapport :

> Une conclusion implicite semble s'imposer : les contraintes de l'environnement économique n'expliquent pas la croissance de l'endettement public. L'impact des déficits conjoncturels tel qu'il est présenté est, en effet, sur l'ensemble de la période, quasi inexistant, puisqu'il s'élève en tout et pour tout à 0,9 point de PIB. Si l'environnement économique a été tel que ses effets sur l'endettement public peuvent être jugés nuls, la légitimité économique des déficits publics établie, en théorie, par leurs effets supposés de relance n'est-elle pas remise en cause à son tour ?

Un peu plus loin, le rapport « tempère », selon son expression, ce diagnostic : « La responsabilité des déficits primaires excessifs dans l'augmentation de l'endettement public est tempérée, mais pas exonérée, par la prise en considération de l'impact du niveau des taux d'intérêt sur la progression de la part de la dette dans le PIB. » En un mot, l'endettement public est né de la conjonction de la lâcheté politique et de la volonté d'associer, au nom de l'Europe, la France à la politique monétaire allemande qui a conduit à la désinflation et à des taux d'intérêt élevés.

De fait, il y a eu une inertie dans l'évolution des taux d'intérêt par rapport à la désinflation, garantissant pour une courte période une sur-rémunération des prêts à l'État et symétriquement un alourdissement de ses charges. Néanmoins, le niveau pénalisant des taux s'est corrigé et, même à long terme, la France a fini par tirer profit de la désinflation et par bénéficier de taux d'intérêt faibles. En 1997, nous sommes au début de cette normalisation positive de la rémunération de la dette.

Première ébauche du pacte de stabilité

Tandis que le redressement budgétaire se met en place et que Paris retrouve son niveau usuel d'embouteillages, Jacques Chirac s'envole pour le sommet européen de Madrid. À l'ordre du jour de ce Conseil européen de décembre 1995 est inscrit le problème de la politique économique à mener après la création de l'euro. Si le principe de l'adoption d'un pacte appelé « pacte de stabilité », qui rejoindrait la notion de « gouvernement économique » mise en avant par François Mitterrand, est partagé par la plupart des pays[1], le contenu reste à définir.

Depuis janvier 1995, une nouvelle Commission est en place. Le commissaire européen en charge du projet d'Union monétaire, et donc de la rédaction du pacte de stabilité, est un Français, Yves-Thibault de Silguy[2]. À sa sortie de l'ENA, il

1. Lors de ce sommet de Madrid, l'Europe est désormais l'Europe des 15. Le 1er janvier 1995 a eu lieu le quatrième élargissement : la Suède, la Finlande et l'Autriche ont rejoint l'Union. Les deux derniers pays ont profité de la disparition de l'URSS qui depuis 1945 limitait leur liberté diplomatique.

2. Le président de la nouvelle Commission européenne est le Luxembourgeois Jacques Santer. Outre Yves-Thibault de Silguy, la Commission compte un autre commissaire français qui est l'ancien Premier ministre Édith Cresson.

a choisi le Quai d'Orsay et s'est spécialisé dans les questions européennes. Il rencontre Theo Waigel pour la première fois le 7 avril 1995. Le courant passe vite entre les deux hommes. Ce qui plaît à Theo Waigel, c'est qu'il est français car breton, de même que Waigel est allemand car bavarois. Par ailleurs, ils sont tous les deux de fervents catholiques. Un jour, Silguy rappelle à Waigel cette foi partagée et précise que « la beauté du catholicisme, c'est qu'on pardonne les fautes ». Waigel sourit, acquiesce et ajoute : « mais pas en matière de finances publiques ».

Début 1995, Silguy décide d'accélérer le processus et entreprend de rédiger un « livre vert » sur le passage à l'Union monétaire, avant même que le pacte de stabilité n'ait été formulé[1]. La Commission remet à la mi-mai les fruits de son travail. Les Allemands apprécient peu cet activisme. Theo Waigel charge son secrétaire d'État, Jürgen Stark, de le faire savoir. Stark s'exclame devant les fonctionnaires de Bruxelles venus discuter du « livre vert » : « Que la Commission s'occupe de la courbure des concombres et qu'elle laisse la monnaie aux gens sérieux ! » Le 23 mai, pour apaiser les choses, Santer déjeune avec plusieurs responsables allemands. Il accepte de reprendre le texte du livre vert et fait une immense concession. Depuis 1978 et le sommet de Brême, la monnaie européenne s'appelle l'écu, qui est défini comme un panier de monnaies et n'a pas d'existence physique. Le taux de change du franc, par exemple, se détermine par rapport à l'écu, ainsi que celui du deutsche mark, ce qui permet ensuite d'établir un taux de change entre les monnaies française et allemande. Le nom « écu » est une idée de Valéry Giscard d'Estaing. Le mot est supposé signifier European Currency Unit. Mais, pour Giscard

1. L'expression de « livre vert » désigne les réflexions de la Commission. En général, ce sont les pays membres qui la sollicitent.

d'Estaing, cela évoque une vieille unité monétaire française. Les Allemands ne sont pas dupes et ils souhaiteraient un nom plus neutre. Ils commencent à marquer leur distance en écrivant « ÉCU » quand les Français écrivent « Écu ». À Bruxelles, on sent que l'on va vers le clash ; Santer et Silguy imaginent alors de dénommer « euro » la nouvelle monnaie.

À Madrid, il faut solder tout cela : le nouveau nom de la monnaie européenne, les conditions du passage à l'Union monétaire, le contenu du pacte de stabilité. Theo Waigel arrive particulièrement déterminé. Il propose que les déficits publics retenus dans le pacte ne dépassent pas 1 % du PIB (au lieu des 3 % prévus par le traité de Maastricht pour l'admission, afin notamment de bien distinguer la phase d'adhésion de la phase de gestion à l'intérieur de l'UEM). Il défend aussi l'idée que, en cas de dépassement, des sanctions soient appliquées automatiquement. Les pays du Sud sont réticents, ne voulant pas d'un « plan de rigueur à perpétuité ». La Commission européenne va dans le sens d'un pacte établissant une règle budgétaire claire, mais propose de consolider les « 3 % » du traité de Maastricht. Les pays de l'Europe du Nord sont sur la position de la Commission. Quant à la France, elle réfléchit. En attendant de prendre position sur le pacte de stabilité, Paris accepte officiellement de suivre la Commission et l'Allemagne dans le changement de nom de la devise européenne. Chirac entérine l'abandon de l'écu – certes inventé par Giscard – au profit de l'euro. Concernant le pacte, l'affaire est bouclée le 26 mars 1996. Ce jour-là, une réunion du CEFFA se tient à Laval, en Mayenne, sur les terres de Jean Arthuis. Les Allemands se font insistants : ils veulent que les Français prennent position sur les mesures du pacte. Arthuis accepte. La France et l'Allemagne marchent de nouveau main dans la main.

Dissolution

Mais les écarts passés ont un prix. En effet, le plan Juppé a sur la croissance le même impact que la rigueur de 1983. La timide reprise qui suit la récession de 1993 se retourne en 1996 : l'OCDE parle d'un profil de croissance en W. La croissance passe de 2,3 % en 1994 à 2,1 % en 1995 et 1,4 % en 1996. À l'Élysée, les considérations sur la croissance et sa nature cyclique ne sont pas de mise. La majorité présidentielle doit affronter des élections législatives en mars 1998. Chirac pense que plus elles auront lieu tard, plus il risque de les perdre. Dans cette malédiction électorale qui s'installe en France, où chaque majorité sortante est battue, le risque pour un président de la République est celui d'une cohabitation. En dissolvant l'Assemblée dès avril 1997, il en récupère une qui va l'accompagner jusqu'à la fin de son mandat. Et il espère que l'hostilité du corps électoral à son encontre sera moins forte qu'en mars 1998. Ce calcul politicien qui ignore le cycle économique se retourne contre lui. En effet, le cycle s'inverse en 1997, dans la foulée de la reprise américaine. La croissance repart en 1997 : elle est de 2,3 %, pour atteindre 3,6 % en 1998.

Si Jacques Chirac et ses collaborateurs avaient regardé ces éléments d'un peu plus près et s'ils avaient été capables de tenir un raisonnement économique à long terme, il est probable qu'ils auraient évité la bourde de la dissolution d'avril 1997. Les élections législatives, qui ont lieu les 25 mai et 1er juin, voient la victoire de la gauche dite « plurielle » conduite par Lionel Jospin.

Annexes

Tableau 1. Le cycle des années 1990

Output gap (% du PIB potentiel)	1990	1991	1992	1993	1994	1995	1996	1997	1998	1999	2000
France	2,6	1,6	1,1	– 1,4	– 1	– 0,7	– 1,6	– 1,5	– 0,2	0,6	2
Allemagne	3,9	1,6	1,4	– 1,3	– 0,3	– 0,1	– 0,9	– 0,7	– 0,5	– 0,2	1,8
États-Unis	1,3	– 1,7	– 1,4	– 2	– 1,3	– 2,1	– 1,8	– 0,8	0,1	1,3	2,1
Taux de croissance France	2,9	1	1,6	– 0,6	2,3	2,1	1,4	2,3	3,6	3,4	3,9

Source : OCDE.

Commentaire : l'*output gap* ou écart de production mesure la différence entre le PIB réel et le PIB potentiel. Quand il est positif, l'économie produit au-delà de ce qu'elle devrait en mobilisant des heures supplémentaires de travail et en générant des tensions inflationnistes. Quand il est négatif, l'économie produit moins que ce qu'elle devrait et connaît le chômage. Ces chiffres montrent que les économies occidentales connaissent un cycle, avec ceci de particulier que le cycle américain est en avance d'environ 18 mois sur le cycle franco-allemand. En outre, les phases de forte croissance combinent la croissance du PIB potentiel et le rattrapage.

TABLEAU 2. Décomposition de l'évolution de la dette publique française en points de PIB (1980-1997)

Dette au 31 décembre 1979 (en % du PIB de 1979)	21,7
Déformation de cette dette initiale par combinaison du jeu de la croissance en valeur et des taux d'intérêt	3
Déficits conjoncturels cumulés (accroissement dû à l'irrégularité du cycle)	0,9
Modification des actifs financiers de l'État (nationalisations, privatisations, évolution des créances sur d'autres États)	3,3
Déficits primaires structurels	29,3
Poids de la dette publique au 31 décembre 1997 (en % du PIB de 1997)	58,2

TABLEAU 3. Évolution du taux d'intérêt réel

Année	**Taux d'intérêt moyen à l'émission de dette (1) (en %)**	**Taux d'inflation (2) (en %)**	**Taux d'intérêt réel [(1) – (2)] (en %)**
1981	17,4	13,4	4
1982	14,8	11,8	3
1983	14,4	9,6	4,8
1984	13,4	7,4	6
1985	11,9	5,8	6,1
1986	9,2	2,7	6,5
1987	9,9	3,1	6,8
1988	8,6	2,7	5,9
1989	9,3	3,6	5,7
1990	10	3,4	6,6

Année	**Taux d'intérêt moyen à l'émission de dette (1) (en %)**	**Taux d'inflation (2) (en %)**	**Taux d'intérêt réel [(1) – (2)] (en %)**
1991	8,6	3,2	5,4
1992	8,1	2,4	6,1
1993	5,6	2,1	3,5
1994	8,3	1,6	6,7
1995	6,6	1,8	4,8
1996	5,8	2	3,8
1997	5,3	1,2	4,1
1998	3,9	0,7	3,2
1999	5,5	0,5	5

Source : INSEE/Banque de France.

COMMENTAIRE : la relance de 1981 tend les taux d'intérêt à long terme, puis la phase de désinflation a un temps d'avance par rapport à l'évolution de ces taux, maintenant en permanence des taux réels élevés. Dans ce genre de situation, la sagesse veut que l'on cherche systématiquement à réduire le déficit budgétaire. Paradoxalement, cette préoccupation devient centrale dans la politique économique des années 2010 quand les taux d'intérêt ont enfin rejoint des niveaux compatibles avec les taux d'inflation. Le bon niveau de taux d'intérêt est celui qui est égal au taux de croissance potentielle. La stratégie de Lisbonne affiche un taux de croissance potentielle en volume de 3 %. En 2002, le taux d'intérêt réel atteindra enfin ce niveau. En pratique, par-delà les objectifs de la stratégie de Lisbonne, le taux de croissance moyen sur la période 1983-2003 sera de 2 % et le taux d'intérêt réel sera en permanence supérieur à ce taux de croissance.

CHAPITRE 10

Insoucianceet « cohabitation » 1997-2002

Lionel Jospin est nommé Premier ministre le 2 juin 1997. Trois éléments conditionnent la situation économique. D'abord, à la lumière de la reprise qui s'amorce, on peut dire qu'il est acquis que l'activité économique a pris un tour cyclique et que chaque phase de forte croissance est appelée à être suivie d'un ralentissement qui détériorera les finances publiques. La situation budgétaire doit donc être analysée non pas de façon annuelle mais sur la durée du cycle. Ensuite, l'inflation a disparu. Le taux moyen annuel d'inflation en glissement, qui a été de 9,6 % entre 1970 et 1985, est descendu à 3,1 % sur la période 1985-1990. Il est de 1,2 % en 1997.

Enfin, la France continue à faire cavalier seul dans la mesure où ses partenaires européens adaptent leur politique économique à cette double réalité du cycle et de la désinflation, alors qu'elle-même rechigne. L'Europe adopte le principe des stabilisateurs automatiques, qui va trouver sa traduction juridique dans le pacte de stabilité et de croissance contenu dans le traité d'Amsterdam de 1997. Respecter l'idée des stabilisateurs automatiques revient à laisser le déficit public se creuser pendant les phases de stagnation et à dégager des excédents au sommet du cycle pour contenir la dette. Or, ce type de politique a du mal à s'imposer en France. Jacques Chirac va illustrer cette difficulté à travers ce qui va entrer dans l'histoire sous le nom de « discours de la cagnotte ».

À gauche toute… sur le papier

Jospin arrive à Matignon avec un discours radical, même si les envolées lyriques de 1981 ne sont plus à l'ordre du jour. Il reste l'homme qui a parlé de parenthèse en 1983. Alors que les travaillistes de Tony Blair et les sociaux-démocrates de Gerhard Schröder sont au pouvoir respectivement à Londres et à Berlin[1], il affirme qu'il est à la tête du gouvernement le plus à gauche de l'Union européenne. Les partis politiques de gauche en Europe et aux États-Unis ont entamé, suite à l'échec du communisme à la fin des années 1980 et du travaillisme anglais keynésien à la fin des années 1970, une démarche de révision programmatique. Celle-ci débouche sur le manifeste Blair/Schröder du 8 juin 1999. Ce texte se veut une rupture avec des pratiques et une idéologie axées sur l'État. On y trouve le passage suivant :

> La dépense publique a atteint, par rapport au revenu national, des niveaux qui sont proches de l'inacceptable. L'adoption de limites en matière d'imposition et de dépenses oblige le secteur public à se moderniser de façon radicale et amène les services publics à adopter des réformes visant à assurer une meilleure gestion des fonds. En fait, le secteur public doit être au service du citoyen : nous n'hésitons pas à promouvoir les concepts d'efficacité, de concurrence et de forte performance.

1. Le transfert du gouvernement allemand et du chancelier à Berlin est effectif depuis 1999 ; néanmoins, l'installation de Gerhard Schröder dans les locaux de la nouvelle chancellerie ne s'est faite qu'en 2001. Entre-temps, il était installé dans des bâtiments administratifs de l'ancienne RDA.

> Dans le passé, les sociaux-démocrates ont trop souvent été associés à l'idée que le meilleur moyen de promouvoir l'emploi et la croissance était d'augmenter la dette de l'État pour financer l'accroissement des dépenses publiques. Nous n'excluons pas la possibilité de recourir au déficit public ; en période de fléchissement de l'activité, il est raisonnable de laisser les stabilisateurs économiques agir. En outre, emprunter pour financer une hausse de l'investissement public, conformément à la Règle d'or, peut être essentiel au renforcement de l'offre. Néanmoins, le financement du déficit public par l'emprunt ne peut être utilisé pour pallier des faiblesses structurelles de l'économie qui entravent l'augmentation de la croissance et de l'emploi. Les sociaux-démocrates ne doivent pas tolérer un niveau de dette publique trop élevé. Un endettement accru représente une charge qui pèse injustement sur les générations futures et pourrait avoir des effets négatifs en matière de redistribution. Mais, surtout, les fonds affectés au service d'une dette publique élevée ne peuvent servir à d'autres priorités, notamment à l'effort d'investissement dans l'éducation, la formation ou les infrastructures de transport. Du point de vue de la politique de l'offre de la gauche, il est primordial de réduire, et non d'augmenter, le niveau élevé de l'emprunt public.

Jospin marque son désaccord et refuse de signer. On va s'apercevoir effectivement qu'il est nostalgiquement keynésien.

Une guerre pour trancher à Amsterdam

Toute nouvelle approche des problèmes budgétaires est désormais européenne et Lionel Jospin est très vite dans le bain. En effet, les 17 et 18 juin 1997 a lieu le sommet d'Amsterdam, dont le sujet central est le pacte de stabilité, dénommé depuis le sommet de Dublin de décembre 1996 le « pacte de stabilité et de croissance ». Lorsque Jospin prend le train pour les Pays-Bas – c'est le style « modeste » de la « gauche plurielle » –, l'affaire du pacte de stabilité est normalement bouclée. Lors du CEFFA de Laval, le couple franco-allemand s'est mis d'accord sur son contenu. Celui-ci a été ensuite soumis aux membres de l'Union à Florence, fin juin 1996.

Le sommet de Florence pourrait être considéré comme aussi important que celui de Maastricht. C'est lui qui entérine le fait que le chiffre de 3 % de déficit public pour les pays membres de l'Union économique et monétaire constituera un maximum. Il ne pourra être dépassé qu'en cas de circonstances exceptionnelles. Les « 3 % » changent ainsi de statut. Initialement critère pour accéder à l'Union monétaire, ils deviennent une référence de gestion sur le long terme des finances publiques en son sein. Reste à régler le problème des sanctions en cas d'infraction à cette règle. C'est au Conseil européen de Dublin, en décembre 1996, que la décision est formalisée : les sanctions seront décidées par le Conseil des ministres Ecofin. Lors de ce dernier, la France demande que le texte soit intitulé « pacte de stabilité et de croissance », l'ajout de ce dernier mot exprimant des préoccupations économiques et pas seulement monétaires. Intrigués, voire amusés, par ce genre de revendications, les partenaires de la France ne s'y opposent pas et le pacte de stabilité et de croissance (PSC) fait son entrée parmi les outils de l'Europe. L'acceptation des règles de fonctionnement de la zone euro paraît ainsi bouclée, au point que le sommet aborde un aspect matériel à la fois anecdotique et essentiel : le dessin des billets en euros. Pour la première fois, une gamme de billets est présentée aux chefs d'État et de gouvernement.

Six mois plus tard, à Amsterdam, il ne s'agit plus normalement que de ratifier formellement le pacte. Sauf que Lionel Jospin a fait de son refus de signer un des thèmes de sa campagne. Il n'envisage d'ouverture possible qu'en cas d'acceptation par ses partenaires du lancement d'un grand emprunt européen, afin de financer un vaste programme d'investissements publics[1].

Le premier contact de la nouvelle équipe au pouvoir à Paris avec ses partenaires a lieu le 8 juin à Luxembourg. Le nouveau ministre de l'Économie et des Finances français est Dominique Strauss-Kahn. Il confirme la position de campagne de Jospin et fait savoir que la France refuse de signer en l'état le texte sur le pacte de stabilité et de croissance. Les Allemands sont de nouveau abasourdis du comportement des Français. Jacques Chirac, entamant sa première épreuve de force avec Lionel Jospin, se découvre soudain fervent européen. Il réunit Jospin et les ministres concernés. Il rappelle que la France a déjà accepté le pacte et qu'il convient de garantir une certaine continuité à la diplomatie française. Quant à Helmut Kohl, il hésite sur la marche à suivre. Il prend l'initiative et propose à Jospin une entrevue. Elle a lieu à Poitiers. Kohl combine la flatterie, rappelant son amitié pour Mitterrand et les riches heures de la relation franco-allemande sous ses septennats, et la menace, faisant fuiter des propos selon lesquels un refus de signer mettrait un terme au processus entamé à Maastricht. Jospin décide de reculer.

Un compromis est trouvé. Le pacte de stabilité et de croissance est adopté selon la version mise au point à Florence et à Dublin (3 % de déficit et des sanctions examinées par le Conseil). Il est complété par deux résolutions sur la croissance et l'emploi, d'une part, sur la coordination des politiques

1. En 2012, François Hollande adoptera la même attitude vis-à-vis du traité sur la stabilité, la coordination et la gouvernance (TSCG) en annonçant sa volonté de le renégocier et d'associer à cette renégociation le lancement d'un pacte de croissance sous forme d'un grand emprunt européen de 120 milliards d'euros. Mais n'anticipons pas...

économiques, d'autre part, qui donnent satisfaction au nouveau gouvernement français. La résolution sur la croissance demande à la Commission d'établir un programme visant à améliorer la croissance à long terme, la croissance potentielle. Ce programme sera adopté par la suite à Lisbonne et deviendra la « stratégie de Lisbonne ».

Le pacte instaure un dispositif de coordination et de surveillance des politiques budgétaires nationales. Les pays participant à la monnaie unique doivent présenter chaque année des programmes de stabilité. Les Allemands ont insisté pour que la perception que l'on ait du pacte s'inscrive dans le long terme. Il s'agit en particulier de donner un contenu économique au pacte et de ne pas le considérer uniquement comme un traité, un engagement juridique issu d'un compromis entre plusieurs points de vue. L'ensemble des déficits publics (budgétaires, sociaux et des collectivités locales) ne doit pas dépasser 3 % du PIB. C'est une marge relativement large dont l'objectif est de permettre à un État de moduler sa politique budgétaire en fonction de sa conjoncture économique. Autrement dit, on commence à raisonner en distinguant dans le déficit la composante structurelle, qui devrait tendre vers zéro, et la composante conjoncturelle qui peut atteindre 3 %. Comme le déficit conjoncturel est égal au produit de l'écart de production par le taux de prélèvements obligatoires, un déficit conjoncturel de 3 % du PIB correspond à peu près à un écart de production compris entre 6 et 7 %. Les experts de la Commission, afin de contrecarrer les demandes allemandes de retenir 1 %, ont fait tout un travail d'analyse statistique des cycles des pays membres pour voir si les récessions passées ont conduit à des écarts de production supérieurs à 6 %. De tels écarts n'ont jamais été enregistrés en France depuis que l'OCDE fait le calcul des PIB potentiels. Néanmoins, pendant la crise de 1993, les pays nordiques ont subi des écarts entre leurs PIB réels et leurs PIB potentiels supérieurs à 6 % (6,4 % en Suède, 9,8 % en Finlande, 6,5 % en Norvège).

La Commission a donc fait accepter une version souple du pacte. En retour, elle est chargée de sa surveillance, avec des procédures précises : elle doit demander aux États les informations nécessaires, les analyser et adresser un rapport au Comité économique et financier qui donne son avis, puis elle adresse une recommandation au Conseil Ecofin. En cas de dépassement des 3 %, le conseil est supposé adresser des recommandations à l'État qui est en faute. Si cela ne suffit pas, celui-ci fera l'objet de sanctions modulées en fonction de sa situation économique.

Malgré toutes ces avancées et les sourires de Poitiers, Jospin va se montrer pugnace. Il demande notamment que le pacte s'intitule « pacte de stabilité, de croissance et d'emploi ». Devant la levée de boucliers et le sentiment de ridicule qu'inspire sa demande, il fait marche arrière. Mais il obtient que le traité d'Amsterdam contienne formellement un volet « politique sociale ».

Monsieur euro

En juillet 1997, parallèlement au sommet d'Amsterdam, un nouveau changement a lieu en Europe : Wim Duisenberg prend la tête de l'Institut monétaire européen (IME), qui a été créé par le traité de Maastricht comme instance de préfiguration de la BCE. Sa nomination a été décidée au sommet de Dublin en décembre 1996, au grand dam des Français qui considéraient que le poste leur revenait. En effet, le 29 octobre 1993, les chefs d'État et de gouvernement avaient décidé que le siège de l'IME, puis de la BCE, serait à Francfort, en Allemagne. En échange, le premier président de la BCE aurait dû être français. En attendant, le 11 décembre 1993, on a nommé le Belge Alexandre Lamfalussy, précédemment directeur général de la Banque des règlements internationaux (BRI), à la présidence de l'IME. Paris accepte la nomination de Duisenberg contre l'engagement d'une succession française et d'un mandat écourté de moitié à la tête de la BCE. Pour arriver à ce résultat, Chirac comprend qu'il faut que le candidat de la France soit incontestable. Il avance donc le nom de Jean-Claude Trichet… Avec une pointe d'ironie, certaines délégations lui rappellent les propos qu'il a tenus sur lui. Chirac fait le dos rond, puis impose un compromis : Duisenberg prend la tête de l'IME et fera un demi-mandat à la tête de la BCE pour céder la place à Trichet.

Né le 9 juillet 1935 aux Pays-Bas, Wim Duisenberg surprend le monde feutré de la finance européenne. Derrière un dilettantisme affiché, ce docteur en sciences économiques masque une grande puissance de travail. Avant de rejoindre Francfort, il a mené une carrière d'économiste académique et d'homme politique. C'est ainsi qu'il a été économiste au FMI, professeur à l'université d'Amsterdam et ministre des Finances socialiste des Pays-Bas entre 1973 et 1977. Le premier choc pétrolier le trouve aux affaires. Il répond à la récession par une relance keynésienne : c'est l'époque de la théorie des locomotives de l'OCDE. Puis, constatant l'inefficacité de cette politique, il se fait le héraut de la rigueur financière et de la défense de la parité du florin. Pour lui, une dévaluation est non seulement vaine sur le plan économique, mais surtout injuste sur le plan social parce qu'elle ampute le pouvoir d'achat du fait de la hausse du coût des importations et parce qu'elle dévalorise le travail national en abaissant artificiellement le prix des exportations. Que des partis de gauche se fassent les défenseurs des dévaluations dites « compétitives » lui paraît une aberration.

Fort de ces idées, il devient en 1982 un gouverneur de la banque centrale des Pays-Bas proche des thèses allemandes. Ironie de l'histoire, après avoir laissé planer le doute sur son départ de la BCE à mi-mandat, il sera obligé de rester plus longtemps que prévu pour permettre à Jean-Claude Trichet d'obtenir sa relaxe lors du procès de la quasi-faillite du Crédit lyonnais.

La stratégie de Lisbonne

Parmi les conclusions du sommet d'Amsterdam, il y a la nécessité de donner un sens au « C » du PSC, c'est-à-dire de définir un programme de croissance. Le PSC s'appelle ainsi parce qu'il y a cohérence entre les critères de stabilité (3 % de déficit et 60 % de dette) et l'objectif de croissance potentielle que l'Europe se donne (qui est de 5 % en valeur)[1].

Le programme permettant d'atteindre 5 % de croissance en valeur, soit 3 % en volume et 2 % d'inflation, constitue ce que l'on appelle la « stratégie de Lisbonne ». En effet, elle

1. Pour assurer ce lien entre croissance potentielle de 5 %, déficit de 3 % et dette de 60 %, le calcul est le suivant. Premièrement, en théorie, à long terme, l'optimalité économique se traduit par le fait que le taux d'intérêt doit être égal au taux de croissance. Signalons au passage que *Le Capital au XXIe siècle*, le best-seller de Thomas Piketty, part du constat que cette optimalité n'est pas réalisée dans le temps, le taux d'intérêt se trouvant assez systématiquement supérieur au taux de croissance. Deuxièmement, le minimum que l'on doit attendre d'un État est que les dépenses de service public de l'année soient couvertes par les impôts, c'est-à-dire que le déficit corresponde aux versements d'intérêt (voir, à ce propos, l'annexe et la notion de « solde primaire », p. 260-262). Cela signifie que le versement des intérêts doit représenter au plus 3 % du PIB. Si la dette est de 60 %, le taux d'intérêt moyen est égal aux intérêts rapportés à la dette, soit 3 % du PIB divisés par 60 %. Cela donne un taux de croissance de 5 % en valeur.

a été adoptée pendant la présidence portugaise de 2000[1]. Les principes et les objectifs de la « stratégie de Lisbonne » sont énoncés dans le communiqué final du sommet européen de mars 2000 : « Le Conseil européen de Lisbonne a tenté de donner des lignes directrices susceptibles de saisir les opportunités offertes par la nouvelle économie pour, entre autres, éradiquer le fléau social que représente le chômage. »

Les solutions envisagées pour éradiquer ce fléau vont se résumer dans une formule célèbre : « Faire de l'Europe de 2010 l'économie de la connaissance de référence ». Pour les économistes, il s'agit d'aborder une nouvelle phase du développement économique et de passer du capitalisme industriel au capitalisme cognitif. Ce qui donne dans le texte de la « stratégie de Lisbonne » :

> Pour permettre aux personnes qui arrivent sur le marché de l'emploi de devenir acteurs dans l'économie de la connaissance, il est nécessaire que leur niveau de formation soit suffisamment élevé. La relation inverse niveau d'études/taux de chômage tendant à s'accentuer, il faut que l'Europe relève son niveau d'instruction à la sortie des études. L'enseignement et la recherche doivent être mieux coordonnés à l'échelle européenne. Ceci peut être effectué à travers la mise en réseau des programmes nationaux et communs de recherche.

Maintenant que les Français ont obtenu des concessions en matière de « gouvernement économique » et de politique sociale, peut commencer la grande opération de qualification des pays à la zone euro.

1. Il ne faut pas confondre la « stratégie de Lisbonne », devenue l'Agenda 2020 après 2010, avec le traité de Lisbonne qui organise le fonctionnement de l'Union européenne.

Dessiner la zone euro : « Drei komma null »

Les candidats doivent remettre leur copie à la Commission le 27 février 1998. À cette date, ils sont au nombre de 11, sur les 15 que compte l'Union.

Le Royaume-Uni, qui a adopté sous John Major le traité de Maastricht, mais a subi l'expulsion de la livre sterling du SME en septembre 1992, entretient le doute sur ses intentions. Le travailliste Tony Blair se veut le Premier ministre le plus européen qu'ait connu le pays depuis Edward Heath. Pour marquer cette orientation nouvelle, il fait voter en 1997 une loi instaurant l'indépendance de la Bank of England. La « Old Lady », comme l'appellent les financiers, adopte le statut et les mœurs de la toute jeune Bundesbank. Malgré cette avancée, Londres reste à l'écart. L'argument est le suivant : avoir la même politique monétaire signifie avoir le même positionnement dans le cycle économique. Or, le cycle anglais est plus proche du cycle américain que de celui du bloc franco-allemand (encore et toujours les deux chaises).

Depuis le vote négatif de juin 1992, le Danemark est en retrait. La Suède, qui a adhéré à l'Union en 1995, est supposée avoir adhéré au traité de Maastricht. Néanmoins, pour l'instant, elle considère que la remise en ordre de son économie, entamée en 1993 après la sévère récession qu'a affrontée le pays, n'est pas achevée. Les deux pays demanderont par la suite par référendum à leurs populations si elles veulent rejoindre la zone euro et la réponse sera négative. Quant à la Grèce, la question ne se pose pas, car elle ne fait pas partie du SME.

Le résultat de l'instruction des dossiers de qualification est examiné au sommet de Bruxelles, le 3 mai 1998. Pour rendre leur verdict, les équipes de la Commission et de l'IME suivent la méthode énoncée par le traité de Maastricht :

> Les rapports examinent également si un degré élevé de convergence durable a été réalisé, en analysant dans quelle mesure chaque État membre a satisfait aux critères suivants :
> – la réalisation d'un degré élevé de stabilité des prix ; ceci ressortira d'un taux d'inflation proche de celui des trois États membres, au plus, présentant les meilleurs résultats en matière de stabilité des prix ;
> – le caractère soutenable de la situation des finances publiques ; ceci ressortira d'une situation budgétaire qui n'accuse pas de déficit public excessif au sens de l'article 104 C paragraphe 6 ;
> – le respect des marges normales de fluctuation prévues par le mécanisme de change du Système monétaire européen pendant deux ans au moins, sans dévaluation de la monnaie par rapport à celle d'un autre État membre ;
> – le caractère durable de la convergence atteinte par l'État membre et de sa participation au mécanisme de change du Système monétaire européen, qui se reflète dans les niveaux des taux d'intérêt à long terme.
> Les quatre critères visés au présent paragraphe et les périodes pertinentes durant lesquelles chacun doit être respecté sont précisés dans un protocole annexé au présent traité. Les rapports de la Commission et de l'IME tiennent également compte du développement de l'Écu, des résultats de l'intégration des marchés, de la situation et de l'évolution des balances des paiements courants et d'un examen de l'évolution des coûts salariaux unitaires et d'autres indices de prix.

Dès qu'un pays intègre la zone, la référence cesse d'être Maastricht pour devenir le pacte de stabilité et de croissance. Cette subtilité échappe à bien des commentateurs, notamment en France, qui continuent à parler des « critères de Maastricht[1] ».

Au moment de l'examen, le cas litigieux est celui de l'Italie. La lire italienne n'est revenue dans le SME qu'en novembre 1996, après avoir perdu par rapport au mark près de la moitié de sa valeur. En décembre 1996, au sommet de Dublin, l'Allemagne propose de nouveau que l'Union monétaire se fasse sans elle. Le déficit public de l'Italie en 1996 est de 6,8 %, loin des 3 %. Les Italiens plaident que ce déficit était de 10 % en 1993, 9,6 % en 1994 et 7 % en 1995, ce qui traduit une réelle amélioration. Theo Waigel souligne que l'économie italienne continue à se réguler par le déficit budgétaire, l'inflation et la dévaluation. Malgré des efforts pour s'adapter à une régulation non inflationniste, comme l'abandon par référendum de l'échelle mobile des salaires sous le gouvernement Craxi, le doute subsiste sur ses réformes et sa volonté de rupture avec le modèle keynésien amendé. C'est d'autant plus vrai depuis la crise du SME de septembre 1992, car à cette occasion l'Italie semble avoir abandonné les principes « européens » pour renouer avec un enchaînement de dévaluation et d'inflation. Theo Waigel, irrité par les manœuvres italiennes, se fait le défenseur des tables de la loi et indique à qui veut l'entendre que le critère de déficit est de 3 %, sans arrondi (en allemand, il déclare « drei komma null », ce qui signifie « trois virgule zéro[2] » !).

1. Cela donne *a posteriori* raison à Theo Waigel qui voulait distinguer les références chiffrées des critères de convergence et du PSC, afin d'éviter toute confusion. La presse allemande comme les responsables politiques s'agacent régulièrement que leurs homologues français parlent toujours, à propos du PSC, de Maastricht. Ils y voient un mélange de désinvolture et d'incompréhension de l'UEM qui à la fois les irrite et les inquiète.

2. Formule qu'il a probablement utilisée pour la première fois au sommet de Dublin.

Finalement, malgré les réticences allemandes, l'Italie est qualifiée. Entre Dublin 1996 et le mois de mai 1998, Rome a multiplié les rencontres, animée d'une très grande fébrilité à l'idée que l'Espagne puisse rejoindre la zone et pas l'Italie. Cependant, au fur et à mesure que l'entrée de l'Italie se dessine, la Grèce pointe son nez. Elle dépose, en avril 1998, une demande explicite d'adhésion à l'euro après que la drachme a rejoint le SME en mars. Elle est toutefois recalée. Par rapport à ce qui a été concédé à l'Italie, Athènes le vit comme une injustice. Le gouvernement grec est bien décidé à revenir à la charge.

La « soulte » France Télécom fait rentrer la France dans l'euro

Comment la France a-t-elle obtenu sa qualification ? Sans problème, bien qu'elle soit sur le fil du rasoir car le déficit public de 1996 est encore de 4,1 % du PIB et celui de 1997 de 3… virgule 0 ! Or, en réalité, ce résultat est le fruit d'une forme d'entourloupe : la « soulte de France Télécom ».

En 1996, France Télécom est ce que l'on appelle l'« opérateur historique » dans le domaine du téléphone. C'est l'ancienne DGT (direction générale des télécommunications), administration de référence du défunt ministère des P&T. Devenue une entreprise, elle prépare sa privatisation. Or, les personnels issus de l'ancienne DGT sont non seulement des agents publics, mais plus précisément des fonctionnaires dont le régime de retraite est celui des pensions civiles et militaires de l'État. La privatisation se traduit par des recrutements d'employés ayant un statut privé, inscrits pour leur retraite au régime général de Sécurité sociale. En attendant que tous les salariés de France Télécom relèvent de la Caisse nationale d'assurance vieillesse, il faut gérer les retraites des fonctionnaires payés par l'entreprise. Pour régler ce problème, il est prévu que l'opérateur téléphonique verse à l'État, pour solde de tout compte, une soulte représentative des retraites futures des fonctionnaires qu'il emploie encore.

A priori, le montant à prévoir est important. En 1997, l'État consacre 7 milliards de francs au paiement des retraites des Télécoms. Fin 1996, ce montant n'est pas encore fixé. Les experts font des calculs actuariels savants afin de ménager les intérêts de l'État sans déstabiliser les comptes de France Télécom que l'on veut privatiser. Début 1997, ces calculs sont oubliés car il faut que le versement ait lieu cette année-là pour améliorer l'exécution budgétaire. La soulte finit par être calculée au franc près pour que le déficit soit exactement de 3 % du PIB. Bruxelles accepte de la comptabiliser dans les recettes de l'État, à condition que la privatisation de France Télécom ait lieu rapidement. Et c'est ainsi que la France est rentrée dans les clous de Maastricht grâce aux retraités des PTT. Cela permettra à certains commentateurs de dire que la France est entrée par effraction dans la zone euro, avec des comptes tout aussi contestables que ceux de certains pays d'Europe du Sud.

Si l'Allemagne a fait mine de ne pas trop voir la réalité française et les manœuvres italiennes, c'est qu'elle-même a pris des libertés avec le « drei komma null ». La réunification a ébranlé le géant économique de l'Europe. La RDA, décrite à la veille de la chute du mur de Berlin comme la 10e économie mondiale, est un boulet. De gigantesques transferts sont nécessaires pour la remettre à niveau et ils sont financés à crédit. En 1989, l'excédent public allemand représente 0,1 % du PIB. En 1996, le déficit est de 3,4 %. Certes, il y a une différence entre la France et l'Allemagne qui tient à ce que la première n'a pas, pour expliquer ses dérives, l'excuse de la réunification. Il n'en reste pas moins que l'affaiblissement allemand est réel, et vécu à Paris comme une aubaine par tous ceux qui veulent s'affranchir des contraintes.

Jacques Chirac et la « cagnotte »

Parmi ceux-ci, il y a le président français. Tout se noue à l'été 1999. Depuis que Jospin est à Matignon, les indicateurs sont au vert. La croissance passe de 1,4 % en 1996 à 2,3 % en 1997, 3,6 % en 1998 et 3,4 % en 1999. Au moment de l'élection présidentielle, il y a 3,2 millions de chômeurs. En juillet 1999, ils sont 2,95 millions. C'est le moment où Jacques Chirac lance une offensive contre son Premier ministre à qui tout semble réussir. Le 14 juillet 1999, il est interrogé, en marge des commémorations de la fête nationale, selon un rituel mis au point par son prédécesseur. Il lâche : « Nous avons depuis deux ans une croissance qui fait que nous avons énormément d'argent dans les caisses. Il faut tout le talent du ministère des Finances pour masquer le phénomène. Il faut rendre aux Français une part de ce que l'on leur a pris. »

C'est le « théorème de la cagnotte » de Chirac : en période de faible croissance, il faut soutenir l'activité économique par un déficit budgétaire nourri d'une augmentation des dépenses publiques – comme en 1975 ; en période de forte croissance, il faut rendre aux Français le fruit de leur travail sous forme de baisses d'impôts. Par conséquent, les déficits structurels s'enchaînent et s'amplifient, et on ne réduit jamais la dette…

Le ministre des Finances, dont le président évoque le talent, est Dominique Strauss-Kahn. Il se trouve que celui-ci, à l'instar de Michel Rocard à la fin des années 1980, ne met pas réellement à profit la croissance cyclique et l'héritage du plan Juppé pour redresser la situation. C'est ce que disent en langage feutré les experts de la direction du Trésor à Paris. Dans une note de décembre 2003, sur les critiques que la France doit affronter au sommet européen de novembre, ils constatent :

> Sur l'ensemble de la période 1998-2002 où la France a crû plus vite que la zone euro, elle a aussi bénéficié d'un *policy mix* un peu plus accommodant. Son déficit public s'est creusé d'un demi-point de PIB (passant de 2,7 % du PIB à 3,1 % du PIB), alors que celui de la zone euro est resté stable à 2,2 % du PIB. C'est surtout sur les premières années (1998-2000) que la politique budgétaire a été plus accommodante en France, avec une réduction du déficit de 1,5 point en France contre environ 2,5 points dans la zone euro de 1997 à 2000, malgré une conjoncture plus favorable en France.

« Accommodant », en langage technocratique, veut dire « laxiste » en français usuel. Voilà encore une période de croissance gâchée… La majorité socialiste, qui a commencé son mandat en menant une politique laxiste, au lieu de contredire et de dénoncer les propos irresponsables de Chirac, décide d'aller dans son sens. Le 25 août 1999, Laurent Fabius, président de l'Assemblée, déclare : « La gauche ne court pas beaucoup de risques d'être battue par la droite, mais elle peut l'être par les impôts et par les charges. » La gauche va donc s'engager dans une politique tendant à baisser les impôts et les charges, et pourtant elle sera battue par la droite et même par l'extrême droite.

Le retour du « modernisateur »

C'est Laurent Fabius qui engage la politique de baisse d'impôts. En effet, impliqué dans de ténébreuses affaires de financement de ses conseils par des syndicats étudiants, Dominique

Strauss-Kahn démissionne en novembre 1999. Dans un premier temps, il est remplacé par Christian Sautter. Ce proche de François Mitterrand – il a été secrétaire général adjoint de l'Élysée entre 1982 et 1985, puis entre 1988 et 1990 – intègre le gouvernement Jospin comme secrétaire d'État au Budget en 1997. Remplaçant Strauss-Kahn au pied levé, il tente de mener à bien la réforme du ministère des Finances prévue par son prédécesseur et consistant à fusionner les deux réseaux de collecte des impôts que sont la direction de la comptabilité publique et la direction générale des impôts. Il se heurte à des mouvements de grève récurrents et démissionne à son tour en mars 2000.

Laurent Fabius le remplace. Si, compte tenu de ses déclarations précédentes, il s'attache à baisser les impôts, il serait injuste de réduire son action et son bilan à ces baisses, car, au final, il restera comme un des ministres des Finances les plus actifs, ayant su notamment contenir les dérives dépensières de sa majorité. Commençons donc par sa priorité affichée : en 1999, le taux de prélèvement obligatoire est de 44,9 % ; il le ramène à 43,8 % en 2001.

Son plan d'allégement d'impôts porte sur 120 milliards de francs en trois ans. Il comporte une diminution du barème de l'impôt sur le revenu, la suppression de la vignette automobile[1] et une modulation de l'impôt sur les carburants en fonction du prix du baril de pétrole (la taxe intérieure sur les produits pétroliers, ou TIPP, devient la « TIPP flottante »).

Laurent Fabius ne se limite pas au champ fiscal. Une de ses priorités immédiates est de ramener le calme dans un ministère

1. Avec la vignette auto, c'est un symbole de la fiscalité française qui disparaît. Elle était née en 1956. Son objet était le financement du Fonds national de solidarité au profit des plus de 65 ans qui n'ont pas de retraite. Cette association au minimum vieillesse aura suscité une multitude de sarcasmes durant toute la vie de cet impôt.

que n'a pas compris son prédécesseur et qui n'a pas compris le flamboyant prédécesseur de son prédécesseur. Concernant la fusion entre la direction de la comptabilité publique et la direction générale des impôts, fusion qui a eu raison de Christian Sautter, il commence par réformer l'ensemble du système informatique des deux entités. Puis il concentre son action sur d'autres secteurs de Bercy pour montrer que la fusion s'inscrit dans une logique d'ensemble. En février 2001, il crée l'Agence France Trésor qui gère la dette publique. Il crée ensuite l'Agence française pour les investissements internationaux (AFII), qui devient l'interlocuteur des entreprises internationales s'installant en France ; enfin, il unifie les services du Trésor et les services de l'expansion économique à l'étranger (direction connue des entreprises sous le nom de la « DREE »).

Toujours à propos de la vie du ministère, il modifie la procédure budgétaire par la loi du 1er août 2001 relative aux lois de finances, dite LOLF (« loi organique sur les lois de finances »). Née des travaux de parlementaires, comme le député de l'Isère Didier Migaud ou le sénateur de l'Orne Alain Lambert, la LOLF va devenir un des symboles de la modernisation de l'État, avant de devenir une des déceptions des défenseurs du « management public ».

Quand Fabius quitte Bercy, la situation économique s'est améliorée. La France, qui souffrait d'un déficit extérieur chronique, connaît des excédents (40 milliards d'euros en 1999, 20 en 2000). Le déficit public de 2001 est de 1,5 % du PIB et le déficit structurel, qui a culminé à 5,1 %, a été ramené à 2 % du PIB. Cependant, comme le soulignait la note du Trésor citée précédemment, la conjoncture favorable aurait pu être mieux utilisée. La France est un des pays qui a le moins mis à profit la croissance de la fin des années 1990 pour réduire sa dette publique (voir annexes, p. 195-202). Le domaine où ce refus d'utiliser la croissance pour redresser les finances est le plus net est celui des finances sociales.

L'éternel retour des retraites et la création de la CMU

Le 29 mai 1998, Lionel Jospin envoie une lettre au commissaire général du Plan, Jean-Michel Charpin, pour lui demander de fournir un diagnostic sur l'avenir des retraites. En 1990, Michel Rocard avait effectué la même démarche : le commissaire général du Plan, Pierre-Yves Cossé, lui remet un rapport, publié en avril 1991 sous le titre de *Livre blanc sur les retraites*. Rocard, qui en a rédigé la préface, déclare lors de la conférence de presse de présentation : « Même avec des hypothèses économiques favorables au plein-emploi, les régimes de retraite connaîtront des problèmes de financement avec, à partir de 2005, l'arrivée massive à l'âge de la retraite des générations nombreuses de l'après-guerre. Là où on avait trois cotisants pour un retraité en 1970, on n'en comptera plus que 1,9 en 2010 et 1,7 en 2040 dans les circonstances les plus favorables, 1,3 dans le cas contraire. J'espère que vous me pardonnez ces moyennes statistiques, mais elles éclairent le débat. » Il faut donc agir. Mais, devant ses proches, Rocard lâche une formule devenue célèbre : « Avec la réforme des retraites, il y a de quoi faire sauter plusieurs gouvernements. » Et il se hâte de ne rien faire.

Celui qui met en œuvre certaines recommandations du *Livre blanc* est Édouard Balladur. Malgré le répit obtenu, la situation se détériore. Jospin décide de cadrer une fois pour toutes le débat. Espérant ainsi obtenir une sorte de consensus, il se propose de prendre ensuite les mesures qui s'imposent. Le porte-parole de ce consensus doit être Jean-Michel Charpin.

Commissaire général du Plan, ce polytechnicien a fait sa carrière à l'INSEE, ce qui lui donne une légitimité à la fois statistique et économique. Entre 1983 et 1985, il a été directeur de cabinet de ministres socialistes, ce qui rassure la gauche plurielle. Il remet son rapport en décembre 1999.

Les conclusions sont claires, même si tout est dit avec une extrême prudence, car entre les décisions de Balladur et la rédaction du rapport, il y a eu les grèves de 1995. Elles se développent selon douze items (voir annexes, p. 200-202). Deux éléments clés dominent le rapport. Le premier est de considérer que l'allongement de la vie implique un recul progressif de l'âge de départ à la retraite. Les « 60 ans » ne doivent pas être considérés comme un « impératif catégorique ». Le second est de commencer à mettre en place des fonds de pension en capitalisation.

Jean-Michel Charpin a rempli sa mission : déminer le terrain. Lionel Jospin peut donc agir. Mais, le jour de la présentation du rapport Charpin à la presse, il déclare : « La précipitation serait une erreur, nous avons le temps. »

Des recommandations du rapport Charpin, une seule avancée restera, celle de la création d'un Fonds de réserve des retraites (FRR) en 1999. Son objectif est de constituer une réserve financière de 150 milliards d'euros pour contribuer à partir de 2020 au financement des régimes de retraite menacés de déficit. L'intention est louable et la direction porteuse. Mais le fonds n'atteindra pas les 150 milliards d'euros. L'esprit d'épargne n'est pas le fort des dirigeants français. Sur les autres aspects, Jospin imite Rocard. Pour se justifier, il s'appuie sur un autre rapport rédigé par le Conseil économique et social sous la conduite de René Teulade, ancien ministre des Affaires sociales de 1992 à 1993 dans le gouvernement de Pierre Bérégovoy. Selon ce nouveau rapport, à l'horizon 2040, les régimes de retraite seront à l'équilibre en cas d'indexation des pensions sur les salaires et en excédent en cas d'indexation sur les prix. Pour cela, il suffit d'une croissance moyenne de 3,5 % par an.

Refusant de prendre ses responsabilités en matière de retraite, le gouvernement Jospin laisse également filer les dépenses de santé. Consolidant les outils mis en place par le plan Juppé, Jospin maintient le principe du vote d'une loi de financement de la Sécurité sociale. Celle-ci fixe tous les ans une évolution de l'ONDAM (objectif national de dépenses d'assurance maladie). Après avoir tenu ses objectifs en début de mandat (en 1999, l'évolution réalisée est de 2,6 %, soit exactement le taux prévu), peu à peu, le gouvernement lâche prise et un écart significatif apparaît entre la réalisation et la prévision. En 2000, le réalisé est de + 5,6 % pour un prévu de 2,5 % ; en 2001, le réalisé est de nouveau de 5,6 % pour un prévu de 3,6 %. Il ne reste plus à attendre que le retournement conjoncturel se manifeste pour que l'assurance maladie s'abîme dans le déficit. D'autant que la barque a été alourdie par la création de la couverture maladie universelle (CMU). Elle est le pendant en matière de santé du RMI en termes de revenu. Ouverte à tous ceux qui ne sont pas pris en charge sur le plan de l'assurance maladie par un régime de Sécurité sociale, elle est mise en place en 2000. Dix ans après, le nombre de bénéficiaires dépassera les 2 millions.

Les 35 heures

En réalité, pour gagner l'élection présidentielle, Jospin compte moins sur les baisses d'impôt mises en œuvre par Fabius que sur son bilan en termes d'emploi. En effet, celui-ci est étonnamment positif. Les années 1998, 1999 et 2000 comptent parmi celles où la France a créé le plus d'emplois depuis le début du XXe siècle. En 1980, année qui précède l'élection de Mitterrand, la France compte 22 millions d'emplois. En 1994, année qui précède son départ, le nombre d'emplois n'a pratiquement pas évolué : 22,1 millions d'emplois. En 2001, la France compte 25 millions d'emplois.

Le débat sur l'évolution spectaculaire de la situation de l'emploi au cours des années Jospin tourne souvent autour d'une mesure devenue une source de polémique et de production sans fin d'études : la réduction du temps de travail hebdomadaire à 35 heures. Cette mesure fait partie du programme de Jospin. Mais on a vu comment il a su partir d'une position tranchée d'hostilité au traité d'Amsterdam pour finir par accepter le PSC. Une autre affaire symbolique marque les débuts de sa mandature. Pendant la campagne électorale, il prend un engagement solennel : une fois élu, il reviendra sur la fermeture de l'usine Renault de Vilvorde, en Belgique. Les dirigeants de Renault l'ont annoncée fin février 1997. Entre les deux tours des législatives, Jospin, dont la victoire semble probable, reçoit les syndicats belges. Il leur promet que, une fois aux affaires, le gouvernement de la « gauche plurielle » demandera « que d'autres mesures soient envisagées, étudiées et préparées ». Résultat : l'usine fermera selon le calendrier initialement prévu.

Plusieurs observateurs en concluent que, d'Amsterdam à Vilvorde, les abandons des promesses intenables par le nouveau Premier ministre se feront rapidement. D'autant qu'à Amsterdam, Jospin comprend qu'il va devoir abandonner une autre de ses promesses : celle de ne pas privatiser France Télécom. La soulte versée par cette entreprise est considérée par Bruxelles comme une recette de l'État, à condition que l'entreprise soit extérieure à l'État. Donc la France est à 3 % de déficit si France Télécom est privatisée. Alors qu'il a assuré qu'après la victoire de la gauche il arrêterait la privatisation, Jospin s'adapte rapidement. Il demande à Michel Delebarre, ancien directeur de cabinet de Pierre Mauroy et ancien ministre, un rapport sur l'avenir de France Télécom. Celui-ci reçoit les partenaires sociaux, consulte, puis remet rapidement ses conclusions. À l'été, lorsqu'il reçoit le rapport, Jospin déclare approuver la « démarche » préconisée par Michel Delebarre, notamment celle d'« une stratégie internationale qui, par une ouverture du capital, lui permettra de rester l'un des tout premiers opérateurs mondiaux ». L'expression « ouverture du capital » est écrite en toutes lettres. À hauteur d'« environ un tiers », précise le rapport – alors que Juppé avait pris l'engagement d'en mettre en Bourse de 20 à 30 % ! Certes, Delebarre écrit qu'il faut faire de France Télécom une « vitrine sociale ». Cela change tout. Amsterdam, Vilvorde, France Télécom… il ne reste plus à Lionel Jospin qu'à évacuer les 35 heures et il passera de la période des promesses à celle de la gestion du pays.

La date retenue pour cette opération est le vendredi 10 octobre 1997. Une conférence sociale se tient toute la journée, réunissant syndicats patronaux, syndicats de salariés et ministres. Rien ne va se passer comme prévu et on parlera de ce 10 octobre comme d'une « journée des dupes » dont les entreprises françaises auraient fait les frais. En charge du dossier, Martine Aubry, ministre de l'Emploi et de la Solidarité. Pour la délégation patronale, sa nomination à ce poste est plutôt – du moins le croit-elle – une bonne nouvelle. La fille de Jacques Delors n'est pas supposée appartenir aux durs du PS. En outre, en septembre 1991, au congrès de la CFDT, elle a douché l'enthousiasme des militants qui scandent, lorsqu'elle monte à la tribune : « 35 heures, 35 heures ! » « J'ai bien compris qu'ici, pour se faire applaudir, il faut parler de la réduction du temps de travail. Vous allez être déçus. Je ne crois pas qu'une mesure générale de diminution du temps de travail créerait des emplois. »

Rien n'est plus clair. Par ailleurs, le président du CNPF est Jean Gandois. Entre 1989 et 1991, Martine Aubry a travaillé avec lui au sein du groupe Pechiney dont il est le président-directeur général de 1986 à 1994. Entre eux, une relation amicale s'est nouée. C'est du moins ce que pense Jean Gandois. C'est une erreur, car, de bout en bout, il sera floué. À 18 heures, il apprend que Lionel Jospin n'a nullement l'intention de renoncer aux 35 heures et qu'il a décidé de les faire voter très vite. Aucun aménagement, aucune négociation ne semble possible. Gandois, meurtri, quitte dans la foulée la présidence du CNPF qui devient le MEDEF. Ce changement de nom se veut aussi un changement d'attitude. Puisque le gouvernement prend des positions « de combat », il en sera de même du monde de l'entreprise.

Les 35 heures vont se concrétiser par trois textes de loi qui introduisent dans la vie quotidienne des Français les fameuses « RTT » (« réduction du temps de travail »). Le premier est antérieur au gouvernement Jospin, preuve que l'idée est dans l'air du temps. Il est voté en 1996 à l'initiative de Gilles de Robien, député UDF de la Somme. Cette loi est remplacée par deux textes, en juin 1998 et en janvier 2000, dits « lois Aubry ». Il ne s'agit pas de rentrer dans les détails mais simplement de se demander si ces dispositifs, qui prévoient une durée hebdomadaire du temps de travail de 35 heures appréciée sur une base annualisée, ont eu un impact positif sur l'emploi. Le débat est sans fin. L'INSEE et la DARES (le service d'études du ministère du Travail), après des précisions méthodologiques extrêmement détaillées dans la présentation de leur travail – au point de conduire les experts à recommander la plus grande prudence quant aux interprétations de leurs résultats –, parviennent à un chiffre de 350 000 créations d'emplois. Et, parmi les précisions qu'ils apportent pour justifier ce chiffre, il y a le fait que les RTT donnent lieu à des allégements de charges, si bien qu'il est impossible de savoir sur le plan économique si les 35 heures ont joué en organisant le partage du travail, en modifiant son coût ou en augmentant, par le biais de la prise en charge par l'État du financement de la Sécurité sociale, le déficit public et les effets keynésiens de relance que certains attribuent à toute augmentation du déficit budgétaire[1].

En 2000, l'économie française a créé en net 500 000 emplois. En une année où les 35 heures jouent à plein, 150 000 emplois (d'après la DARES) sont issus de leur application. Par conséquent, de remède contre le chômage, les 35 heures changent de statut dans la présentation de leur légitimation pour devenir, d'une part, un moyen d'annualisation du temps de travail et donc une sorte d'assouplissement dans l'organisation des entreprises, et, d'autre part, un élément du confort de vie.

Tandis que le gouvernement Jospin met en place les 35 heures, l'OCDE travaille sur l'actualisation de sa « stratégie pour l'emploi ». Début 2004, elle publie un court texte qui se résume ainsi :

> Le chômage a baissé dans l'OCDE depuis 1994, et les pays qui ont appliqué les recommandations de la « Stratégie pour l'emploi » s'en sont particulièrement bien sortis. Mais c'est aussi le cas pour ceux qui ont suivi des approches de type nordique, comme la fameuse « flexécurité » danoise, associant des procédures d'embauche et de licenciement relativement simples à un solide soutien aux chômeurs, qui ont également des obligations. Mais les pays qui n'ont pas mis en place des réformes suffisantes, comme la France, l'Allemagne et

1. Pour en savoir plus, on pourra lire le livre de Stanislas de Bentzmann et Pascal de Lima, *Les 35 heures, une loi maudite* (Eyrolles, 2014).

l'Italie, sont dans une situation plus difficile. En dépit d'une croissance globale relativement forte, leurs taux de chômage restent élevés.

L'Allemagne commencera en 2004 la remise à plat de son marché du travail. La France et l'Italie s'y refusent. Parmi les décisions qui ont eu un impact sur l'emploi, il en est une qui a changé la vie de beaucoup de Français. Le 22 février 1996, Jacques Chirac annonce sa décision de professionnaliser les armées. La loi de programmation militaire, qui est votée dans la foulée, prévoit sur la période 1997-2002 une baisse des effectifs de l'ensemble des personnels de la Défense. Ces personnels, civils et militaires confondus, doivent passer de 573 081 en 1996 à 440 206 à l'horizon 2002, soit la suppression de 130 000 emplois. Réalisée sous Jospin, bien que décidée avant lui, l'opération passera en pratique inaperçue sur le plan du chômage.

Laurent Fabius n'est pas absent du chantier de l'emploi. Concernant les 35 heures, il milite pour leur assouplissement. Il propose de poursuivre l'action de réduction du coût du travail, notamment pour les bas salaires. Mais, au lieu de centrer cette action sur la baisse des charges, dont la conséquence est une déstabilisation du financement de la Sécurité sociale, il propose d'adopter le principe de ce que les économistes appellent l'« impôt négatif ». Il s'agit de verser aux travailleurs les plus démunis un complément de rémunération pour accroître leur pouvoir d'achat. En les éloignant de la pauvreté, cela permet trois choses importantes : une revalorisation sociale du travail ; une déconnexion du revenu des salariés les moins productifs de leur coût pour les entreprises, déconnexion qui réduit le chômage ; une réduction des inégalités.

Cette idée avait été introduite en France dans les années 1970 par Lionel Stoleru quand il était conseiller économique de Valéry Giscard d'Estaing[1]. Elle était restée à l'état de projet. Fabius la reprend et crée la prime pour l'emploi (PPE). Versée pour la première fois en 2001, elle est annoncée par Fabius comme devant coûter 25 milliards de francs. De fait, en vitesse de croisière, elle coûtera environ 3,5 milliards d'euros.

L'euro fiduciaire

C'est sous Jospin qu'a lieu, le 1er janvier 2002, le passage à l'euro fiduciaire, c'est-à-dire à l'euro utilisé au quotidien sous forme de billets par l'ensemble de la population. Depuis le sommet de qualification de mai 1998, un nouveau membre a rejoint la zone. Estimant que l'acceptation des Italiens dans l'euro est une injustice, Athènes exige d'en être aussi. La Grèce présente un nouveau dossier à Bruxelles et à la BCE qui remettent leurs conclusions le 3 mai 2000. On y trouve ces phrases : « Selon les derniers chiffres disponibles, le déficit public a été ramené de 10,2 % du PIB en 1995 à 1,6 % en 1999, c'est-à-dire au-dessous de la valeur de référence de 3 %. Le ratio de l'endettement a culminé à 111,3 % du PIB en 1996 et il a depuis lors reculé chaque année pour s'établir à 104,4 % en 1999 ; ce ratio continue de baisser et passe sous la barre de 100 % du PIB en 2001. La Grèce satisfait au critère relatif à la situation des finances publiques. » Conclusion : « À la lumière de l'évaluation qu'elle a faite du respect des critères de convergence, la Commission estime que la Grèce a atteint un degré élevé de convergence durable. » *No comment !*

---

1. Lionel Stoleru a publié en 1974 un livre sur ce sujet, intitulé *Vaincre la pauvreté dans les pays riches*, qui reste pertinent.

ANNEXES

TABLEAU 1. Le déficit public entre 1984 et 2002

	Déficit public en % du PIB	Charge d'intérêt	Taux de prélèvements obligatoires	Poids de la Sécurité sociale	Poids de la dette publique dans le PIB
1984	– 2,8	2,4	42,5	18,7	28,8
1985	– 2,9	2,6	42,5	18,6	30,3
1986	– 3,2	2,6	41,8	18,1	30,9
1987	– 2,0	2,5	42,5	18,3	33,1
1988	– 2,6	2,4	41,7	18,1	33,1
1989	– 1,8	2,5	41,5	18,4	34
1990	– 2,4	2,7	41,6	18,5	35,3
1991	– 2,9	2,9	41,9	18,5	36,2
1992	– 4,5	3	41,4	18,7	39,7
1993	– 5,9	3,3	42,2	18,9	46,2
1994	– 5,4	3,4	42,6	18,7	49,4
1995	– 5,5	3,5	42,7	18,6	55,7
1996	– 4,1	3,7	43,9	18,1	58
1997	– 3	3,5	44,1	16,1	59,3
1998	– 2,6	3,4	44	16,3	59,4
1999	– 1,7	3,1	44,9	16,1	58,8

	Déficit public en % du PIB	Charge d'intérêt	Taux de prélèvements obligatoires	Poids de la Sécurité sociale	Poids de la dette publique dans le PIB
2000	– 1,5	3	44,1	16,1	57,3
2001	– 1,4	3,1	43,8	16,2	56,9
2002	– 3,1	3	43,1	16,2	58,8

Source : INSEE.

COMMENTAIRE : le tableau appelle les quatre remarques suivantes : malgré la rigueur de 1983, la situation budgétaire ne se rétablit pas pleinement. Les années de forte croissance de la fin de la décennie 1990 améliorent la situation mais ne permettent pas un retour à l'équilibre ; la part des cotisations sociales baisse dans le PIB. Pour ne pas pénaliser les entreprises, les gouvernements successifs mettent de plus en plus la charge du financement de la Sécurité sociale sur l'impôt qui touche l'ensemble de la population. La création de la CSG constitue un événement de première importance dans l'organisation de ce transfert ; dans le partage des recettes et des dépenses entre les différentes entités publiques, l'État est le grand perdant de la redéfinition de la répartition des prélèvements obligatoires. Entre 1983 et 1993, les prélèvements obligatoires en sa faveur passent de 17,7 % du PIB à 14,3 %. Une partie de cette baisse correspond à un transfert au profit des collectivités locales dans le cadre de la décentralisation (1,5 point). Le reste représente des baisses d'impôts. Comme la dépense ne se réduit pas, l'État se procure les ressources manquantes en partie en privatisant et surtout en empruntant. Le déficit structurel s'installe (voir tableau 2). En 1989, année la plus favorable d'un des plus récents cycles, le déficit est de 1,84 % du PIB. En 1990, il est même de 2,44 %, alors que, selon l'OCDE, cette année-là, la France dépasse son PIB potentiel de 2,6 %. Ce qui signifie que la France devrait disposer d'un excédent de 1,5 %. Ce qui signifie encore que les finances publiques françaises connaissent un déficit structurel de près de 4 % du PIB. Dans le cycle suivant, l'année la plus favorable est 2000, avec un dépassement du PIB potentiel de 2 %. Compte tenu d'un déficit public de 1,5 %, le déficit structurel est toujours là, bien que ramené à 2,5 % du PIB[1]. La disparition du déficit structurel exigerait soit une baisse des dépenses, soit une hausse de la fiscalité, mesures devant lesquelles on ne cesse de reculer. Pourtant, la nécessité de cette disparition a été illustrée par l'expérience. Au moment du choc de la réunification allemande, la période favorable du cycle de la fin des années 1980 n'ayant pas été mise à profit pour réduire le déficit structurel, le déficit total atteint 6 %, soit deux fois plus que dans les périodes de relance volontariste de 1975 et 1981 ; la charge de la dette se stabilise à partir de 1993 car la désinflation s'accompagne d'une baisse des taux d'intérêt. Cette dynamique positive atteint sa limite naturelle à partir de 2003.

Tableau 2. Évolution des déficits structurel et conjoncturel

Déficits en % du PIB	Déficit structurel	Déficit conjoncturel	Déficit total
1980	– 0,5	+ 0,4	– 0,1
1981	– 2	– 0,2	– 2,2
1982	– 1,1	– 1,7	– 2,8

1. Cette réduction du déficit structurel a été obtenue grâce au plan Juppé de 1995.

Déficits en % du PIB	Déficit structurel	Déficit conjoncturel	Déficit total
1983	– 0,8	– 1,7	– 2,5
1984	– 1,6	– 1,2	– 2,8
1985	– 2	– 1	– 3
1986	– 2,5	– 0,7	– 3,2
1987	– 1,4	– 0,7	– 2,1
1988	– 2,3	– 0,3	– 2,6
1989	– 1,9	0,1	– 1,8
1990	– 3,8	1,4	– 2,4
1991	– 3,7	0,8	– 2,9
1992	– 4,8	0,3	– 4,5
1993	– 4,7	– 1,2	– 5,9
1994	– 4,9	– 0,6	– 5,5
1995	– 5,1	– 0,4	– 5,5
1996	– 3,3	– 0,8	– 4,1
1997	– 2,2	– 0,8	– 3
1998	– 2,5	– 0,1	– 2,6
1999	– 2	0,3	– 1,7
2000	– 2,5	1	– 1,5
2001	– 2,2	0,7	– 1,5
2002	– 3,3	0,1	– 3,2

Source : OCDE ; calculs de l'auteur.

COMMENTAIRE : rappelons que, dans la logique de la gestion de la politique budgétaire en stabilisateurs automatiques, le déficit devrait se monter au seul déficit conjoncturel, le déficit structurel étant nul. Le pacte de stabilité et de croissance autorise en pratique un déficit conjoncturel de 3 % du PIB, qui correspond à l'acceptation d'un écart de 6 à 7 % entre le PIB potentiel et le PIB réel.

Tableau 3. Effort de réduction de la dette publique pendant la période faste du cycle des années 1990

Stock de dette en % du PIB (calcul Eurostat)	**1996**	**2001**
France	58	57
Allemagne	58	59
Zone euro (y compris la Grèce)	74	68
Royaume-Uni	51	38
Union européenne	72	62
Suède	74	55
États-Unis	73	58

Source : Eurostat.

COMMENTAIRE : tous les pays ont réduit le poids de leur dette publique, certains de façon significative (c'est le cas de la Suède et du Royaume-Uni qui, pendant la période concernée, sont dirigés par des gouvernements de centre gauche). L'Allemagne traverse une décennie noire. Nous avons vu que l'OCDE la place avec la France et l'Italie parmi les pays qui ont besoin de se réformer. Elle digère la réunification. La France se contente de profiter de cet affaiblissement économique allemand pour pratiquer l'attentisme.

Les recommandations du rapport Charpin

Les travaux de la Commission de concertation ont permis de dégager quelques constats relatifs à la situation et aux perspectives de notre système de retraite, et à quelques éléments qui les influencent.

1. Le système français de retraite par répartition a atteint ses objectifs d'universalité et de solidarité. La solidarité s'exerce entre générations, entre régimes, au sein des régimes, avec les correctifs pour aléas de carrière et situation familiale, et au niveau national, avec le minimum vieillesse. Arrivé à maturité, ce système a réussi à assurer en moyenne la parité de revenu entre actifs et retraités.

2. La conjugaison de l'allongement de la vie et du vieillissement des générations d'après-guerre va entraîner une augmentation de 10 millions de personnes de la population de plus de 60 ans d'ici à 2040, alors que la population ayant entre 20 et 60 ans va probablement diminuer.

3. Ces évolutions démographiques modifieront l'équilibre économique du système français de retraite. Elles conduisent à envisager un nouvel équilibre entre montants et durées des cotisations et des prestations. Cependant, les gains de productivité restent élevés dans l'économie française. Ils permettront d'assurer aux générations futures de retraités un pouvoir d'achat supérieur à celui des retraités d'aujourd'hui, sans compromettre l'augmentation du pouvoir d'achat des actifs.

4. Le principe même de la gestion en répartition des régimes de retraite exige des adaptations périodiques de leurs paramètres, de façon à garantir leur équilibre à long terme. Il est souhaitable que ces adaptations respectent les objectifs d'universalité et de solidarité, et résultent de choix concertés en matière de distribution des revenus, notamment en ce qui concerne l'évolution relative des revenus des retraités et des actifs. Ces choix seront d'autant mieux acceptés qu'ils pro-

céderont d'un dialogue social de meilleure qualité, dans le secteur public comme dans le secteur privé.

5. Le système français de retraite par répartition est divers. Il n'y a pas lieu de rechercher son unification institutionnelle ou la suppression de toutes les spécificités des régimes. Cependant, il faut veiller à ce que tous les régimes adoptent des principes communs, et que les écarts sans justification soient évités.

6. Les réformes récentes ont concerné seulement le régime général et les régimes complémentaires du secteur privé. Il est indispensable que les prochaines adaptations concernent non seulement les régimes du secteur privé, mais aussi les régimes du secteur public. C'est une condition du maintien de la cohésion du système français de retraite et de l'acceptation par tous de ses fonctions de solidarité.

7. Le recul progressif de l'âge de la retraite pourrait favoriser le rééquilibrage des régimes par répartition sans peser ni sur les revenus des retraités ni sur ceux des actifs. Il est justifié à la fois par l'allongement de la vie, le recul de l'âge d'entrée dans la vie active et l'amélioration de l'état de santé des plus de 60 ans. Sa mise en œuvre suppose, d'une part, qu'il soit compatible avec la résorption des préretraites et du chômage, d'autre part, que les employeurs soient capables d'offrir à cette catégorie des emplois adaptés à leur âge et à leur savoir-faire, le cas échéant dans le cadre d'une retraite progressive. Il n'a de sens que dans le cadre d'une politique économique orientée résolument vers la priorité à la croissance et à l'emploi.

8. Une modalité intéressante de recul de l'âge de la retraite est l'allongement de la durée de cotisation pour obtenir la retraite à taux plein. Elle introduit un recul endogène de l'âge de la retraite, fonction du décalage de l'âge d'entrée dans la vie active. Elle traite plus favorablement les catégories qui ont commencé à travailler précocement. Elle soulève des questions de validation de périodes de formation ou d'inactivité, qu'il conviendra de traiter.

9. Il est souhaitable d'introduire plus de souplesse dans les choix individuels de départ à la retraite et d'atténuer la rigidité des frontières entre les âges de la vie. Pour ce faire, les coefficients d'abattement traduisant des droits incomplets pourraient être revus dans le sens de la neutralité actuarielle.
10. Les traitements particuliers de certaines catégories particulières ne sont pas illégitimes, à la condition que soit vérifiée périodiquement la validité des classements des catégories concernées.
11. La technique de capitalisation collective pourrait apporter un appui utile à la gestion en répartition du système français de retraite. Ainsi, le fonds de réserve récemment créé, qui vise à fournir un complément de financement aux régimes par répartition, permet-il d'organiser un lissage temporel, avec un rendement qui peut dépasser le taux de croissance de l'économie.
12. Toute réforme du système de retraite devra être accompagnée de la mise en place d'un dispositif de pilotage visant à élaborer périodiquement, par exemple tous les trois ans, un jeu de projections à très long terme et à proposer au gouvernement, aux partenaires sociaux, aux associations de retraités et aux régimes de retraite des inflexions, voire de nouvelles dispositions, de façon à assurer l'avenir à long terme des retraites par répartition.

CHAPITRE 11

Chirac affronte l'Europe 2002-2007

En 2001, le cycle se retourne : la croissance, qui était de 3,9 % en 2000, est ramenée à 2 % ; elle ne sera que de 1,1 % en 2002. Ignorant la détérioration économique qui s'annonce et faisant preuve d'une assurance excessive, Lionel Jospin laisse se multiplier les candidatures dans son propre camp. Le résultat est connu. Il ne participe pas au second tour de l'élection présidentielle qui fournit à Jacques Chirac une réélection au score invraisemblable.

Le deuxième mandat de Chirac, qui est désormais un quinquennat[1], commence avec un programme peu explicité de la part du vainqueur, et un retournement cyclique abordé sans que la situation des finances publiques ait été réellement rétablie. Il va éloigner la France de ses engagements européens, de façon d'autant plus dramatique que l'Allemagne se ressaisit et reprend sa démarche strictement libérale-monétariste. C'est à cette période que le ratio dette/PIB dépasse les 60 %.

1. Le mandat présidentiel a été ramené de 7 à 5 ans par référendum en septembre 2000.

Nouvelles donnes européenne et américaine

La logique cyclique aurait dû faire de 2002 ou 2003 des années de récession[1]. En 2002, l'écart de production est encore positif mais il est descendu à 0,2 %, alors qu'il était de 1,3 % en 2001.

Après 2003, le retournement conjoncturel agit et amorce la reprise. La phase ascendante du cycle se développe et culmine en 2007. Les années 2004 à 2007 ne seront pas, une fois encore, mises à profit pour redresser la situation budgétaire. La croissance ne retrouve pas la vigueur de la fin des années 1980 ou 1990, car le redressement cyclique se heurte à un nouveau choc pétrolier. La réduction du déficit public serait pourtant d'autant plus nécessaire que de nouveau la France est en excès de consommation, c'est-à-dire en déficit extérieur. Le déficit de la balance courante atteint en 2007 1,2 % du PIB. Une suppression du déficit structurel des finances publiques aurait permis non seulement une pleine maîtrise de l'endettement, mais encore un retour à l'équilibre extérieur. La différence entre 1976 et le plan Barre, 1983 et la rigueur, d'une part, et le cycle des années 2002-2007, d'autre part, c'est que la nécessité d'une action de réduction des déficits est masquée par les solidarités nées de l'existence de l'euro : la France supporte son déficit extérieur et refuse la rigueur car l'Allemagne se l'est imposée à sa place. La France partage sa monnaie avec l'Allemagne non plus dans un change fixe et ajustable, mais dans une fixité totale. Elle importe donc d'outre-Rhin la réputation et les taux d'intérêt associés. Le lien monétaire renforcé entre les deux pays lui permet de retarder les réformes et de pour-

1. Elles ont lieu tous les 9-10 ans environ et la précédente remonte alors à 1993.

suivre sans états d'âme une accumulation de dette publique. En outre, les dirigeants français sont d'autant moins enclins à changer d'attitude que leur comportement les rapproche des nouvelles pratiques américaines.

Les États-Unis de l'après-11 septembre 2001 prennent une orientation de politique économique conforme à leur position du sommet de Bonn et en opposition à celle des Européens du sommet de Brême. Dans les années 1980, Paul Volcker a mené une politique monétaire anti-inflationniste « à l'allemande » qui heurtait le keynésianisme néoconservateur de Ronald Reagan. Dans les années 1990, Bill Clinton a mené une politique budgétaire anti-inflationniste axée sur l'utilisation des stabilisateurs automatiques. Volcker et Clinton étaient aux antipodes du keynésianisme rooseveltien ou néoconservateur à la Reagan. Maintenant que l'un et l'autre ont quitté le devant de la scène, G.W. Bush à la Maison Blanche et Alan Greenspan à la Réserve fédérale sont d'accord pour que le keynésianisme amendé ait tous les leviers en main. Les États-Unis des années 2000 connaissent l'aboutissement du reaganisme, sans Volcker pour le tempérer. Ce retour correspond non seulement aux convictions des Républicains mais aussi aux nécessités politiques nées des attentats de 2001, qui poussent l'administration américaine à tout mettre en œuvre pour éviter que les terroristes puissent s'attribuer le ralentissement économique cyclique qui a commencé fin 2000. L'enjeu immédiat de la politique économique de la fin 2001 est d'effacer le cycle.

Alan Greenspan réagit par un ajustement des taux. Il baisse le taux d'intervention de la Réserve fédérale, de 5,5 % à l'été 2001 à 1,75 % en janvier 2002. Simultanément, la politique budgétaire devient fortement expansionniste. En 2000, les finances publiques américaines dégagent un excédent de 1,4 % du PIB. Cette année-là, l'écart de production américain étant de 2 % du PIB potentiel, il est normal que le budget soit en excédent. Dès le lendemain des attentats, l'administration Bush prend des mesures de relance « discrétionnaires », c'est-à-dire allant au-delà des stabilisateurs automatiques. Le déficit de 2001 est de 0,5 % du PIB et celui de 2002 de 3,1 %. En surréagissant au retournement cyclique, les autorités américaines s'installent dans un système de taux d'intérêt excessivement bas et de déficit budgétaire croissant. Il en résulte une amplification de la surconsommation qui se traduit par un creusement du déficit des paiements courants, de 4,2 % du PIB en 2000 à 4,9 % en 2002, et par un endettement record non seulement de l'État mais aussi des particuliers. Cette politique de relance agressive a pour résultat de limiter l'écart de production dans la période la plus défavorable du cycle, en 2002 et 2003, à un niveau inférieur à 1 %. Un succès à court terme donc. Mais, à long terme, l'inconvénient de cette politique est qu'elle reporte les ajustements vers le cycle suivant et prépare une récession plus violente que les précédentes. L'année 2009 fera payer aux États-Unis et au reste du monde la volonté politique de 2001 de ne pas conforter les auteurs des attentats du 11 septembre.

Pour la France, dont le président de la République n'envisage pas de mener une politique de redressement des comptes publics et s'apprête à baisser les impôts, cette évolution de la politique économique américaine serait du pain béni si, au même moment, l'Allemagne de Schröder n'avait pas décidé de reprendre le chemin tracé par Helmut Schmidt aux sommets de Brême et de Bonn. Car si, en 2002, le reaganisme triomphe à Washington, en revanche, fin 2003 et début 2004, l'Allemagne tourne la page de la dérive de ses comptes publics et des rapports narquois de l'OCDE qui l'associent à la France et à l'Italie dans la liste des pays bloqués.

Jean-Pierre Raffarin

Dans cette période où l'Allemagne se reprend, la France s'obstine à ne pas réduire ses déficits et à ne pas réformer son marché du travail. Chirac choisit l'immobilisme. Il annonce dans la foulée de sa réélection les trois grandes priorités de son quinquennat : lutte contre l'insécurité routière, combat contre le cancer, insertion des handicapés. Ces choix provoquent un certain étonnement. Il n'est pas question des grands sujets politiques traditionnels, mais de trois domaines liés à la vie quotidienne des Français, supposés consensuels et à même d'éloigner les tensions qui ont marqué la cohabitation. Mener une vie institutionnelle plus calme le pousse à choisir un Premier ministre l'éloignant de toute possibilité de guerre entre l'Élysée et Matignon. Il quitte Lionel Jospin avec soulagement et surtout avec la ferme intention de ne pas se lancer dans une aventure à la « Mitterrand/Rocard ». Il nomme donc Jean-Pierre Raffarin, un fidèle récent mais sur lequel il sait pouvoir compter.

Jean-Pierre Raffarin n'est pas issu du RPR, mais de l'UDF. Cet ancien élève de l'École supérieure de commerce de Paris (aujourd'hui ESCP Europe) a été dans les années 1970 secrétaire général de GSL (Génération sociale et libérale), le mouvement de jeunesse du parti giscardien. Puisque Chirac décide de porter ses ambitions davantage sur des problèmes de société, il appartient au Premier ministre de définir et de préciser le programme de la nouvelle équipe gouvernementale, ce qu'il fait dans sa déclaration de politique générale :

> Nous devons créer les conditions d'une croissance forte et durable. Nous allons nous y employer en menant de front

> baisse des prélèvements, réduction des déficits et réformes économiques. La baisse des impôts permet de soutenir l'activité et l'initiative ; la baisse des charges de soutenir l'emploi. Nous nous engagerons parallèlement dans la réduction des déficits. Il ne servirait à rien de baisser les prélèvements si les Français n'avaient pas la garantie que cette baisse est durable.

Si la nouvelle équipe ne manque pas de lucidité, il n'en est pas de même du courage politique. Quelles sont les conclusions du nouveau Premier ministre ?

> Nous développerons la création d'entreprise pour qu'après cette période de croissance, nous puissions retrouver un rythme de créations d'entreprise positif. Notre objectif est la création de 200 000 entreprises nouvelles par an. C'est, je crois, une dynamique possible pour faire en sorte que nous retrouvions les libertés d'initiative et d'emploi. La création d'entreprise est sans doute l'une des façons les plus efficaces de créer durablement des emplois. Des dispositions spécifiques pour les jeunes entreprises de technologie permettront aux jeunes créateurs d'avoir toute leur place dans cette économie.

Il est naturel que la création d'entreprises soit au centre des préoccupations d'un ancien élève d'une école de commerce. Mais l'idée est aussi dans l'air du temps. L'OCDE travaille sur de nouvelles recommandations. Depuis le milieu des années 1990, malgré des bons résultats conjoncturels, la croissance potentielle des États-Unis baisse. Sur le cycle américain qui commence, l'OCDE anticipe une croissance potentielle de 2,5 %, soit 0,5 point de moins que dans les deux décennies précédentes. Dans la zone euro, la croissance potentielle ne serait que de 1,8 %, alors que la « stratégie de Lisbonne » et le pacte de stabilité et de croissance tablent sur 3 %. Quant au

Japon, dont la population active commence à diminuer, cette croissance potentielle ne serait plus que de 0,6 %.

L'OCDE publie en 2003 une *Étude sur la croissance* visant à redresser la croissance potentielle. On y lit : « L'entrepreneuriat, tel qu'il se reflète dans les créations d'entreprises et dans la dynamique de croissance des entreprises, influe sur la croissance de la productivité, de nouveaux entrants, plus efficients, remplaçant les sortants, moins efficients. » Si Raffarin parle aussi d'entrepreneuriat, les mesures ne suivent pas. La France reste la patrie de la protection des *insiders*, des rigidités sur son marché du travail qui entretiennent un chômage élevé. Sur le plan budgétaire, malgré ses engagements européens, le gouvernement s'apprête à baisser les impôts alors que le déficit public est supérieur à 3 %. Il est de 3,3 % du PIB en 2002 et il passe à 4,1 % en 2003.

L'Europe n'est pas la seule à s'en émouvoir. À l'été 2004, le FMI publie une analyse de l'économie française. Que recommande-t-il ?

> Le respect de l'engagement d'assainissement budgétaire à moyen terme est une priorité. Bien que les réformes des retraites et de l'assurance maladie représentent un progrès et que les réformes des marchés du travail et des produits doivent être poursuivies afin de dynamiser la croissance, elles ne suffiront pas à atteindre à elles seules les engagements de réduction des déficits. Ainsi, en complément de ces efforts, il conviendrait de ramener le plus tôt possible la situation budgétaire structurelle à l'équilibre, voire d'obtenir un léger excédent. Une réduction du déficit structurel d'un peu plus de 0,5 point de PIB par an permettrait de trouver un équilibre satisfaisant entre crédibilité et faisabilité. Une fois qu'une situation budgétaire acceptable aura été obtenue et que les efforts de réforme auront porté leurs fruits en termes de croissance, il sera possible d'envisager de consacrer une

part plus importante des économies sur les dépenses à des allégements d'impôts.

Mais Chirac reste de marbre et maintient sa volonté de baisser les impôts indépendamment de la situation budgétaire. Les baisses d'impôt qui ont commencé avec Fabius se poursuivent. Sur la base des réformes Fabius, le taux de prélèvement obligatoire baisse de 0,7 point en 2002. Chirac en rajoute, ce qui réduit ce taux de 0,6 point en 2003. L'impôt sur le revenu, centre traditionnel de toutes les démagogies, se stabilise plus qu'il ne baisse, rapportant 52 milliards d'euros à l'État. Car, dans l'arbitrage qui se fait entre l'Élysée et Matignon, Raffarin obtient qu'une partie des baisses concerne les entreprises, si bien que le gouvernement décide de supprimer la part de la taxe professionnelle assise sur les salaires. Chirac y consent de mauvais gré car il se définit maintenant comme « anti-libéral ».

2003, *annus horribilis*

En mars 2002, l'Espagne préside l'Europe. Lors du sommet de Barcelone, le communiqué final précise : « Les États membres resteront fidèles ou se conformeront à l'objectif à moyen terme consistant à parvenir, d'ici 2004 au plus tard, à une situation budgétaire proche de l'équilibre ou excédentaire. » La France qui signe est encore celle de la cohabitation. Cette échéance de 2004 est néanmoins réaffirmée fin juin à Séville, où siège un Jacques Chirac en plein exercice du pouvoir.

Mais, pris dans son programme de baisse d'impôts, le gouvernement revient sur ces engagements. Dès la réunion de l'Eurogroupe, le 7 octobre 2002, la France réaffirme ses travers keynésiens. Désormais, elle promet de réduire son déficit structurel de 0,5 point par an à partir du budget de 2004 et déclare 2007 comme date de retour à l'équilibre budgétaire. Ce report, qui en annonce d'autres, prépare une année européenne 2003 chaotique. Elle commence à Berlin. Jacques Chirac et Gerhard Schröder s'y retrouvent à l'occasion du 40e anniversaire du traité de l'Élysée. Dix nouveaux pays vont rejoindre l'Europe, qui comptera vingt-cinq membres au 1er janvier 2004. Nous sommes loin des six du début. Et le couple franco-allemand n'est plus ce qu'il était. L'Allemagne réunifiée a perdu de sa superbe économique. En s'opposant au principe d'une intervention américaine en Irak, Gerhard Schröder non seulement a réussi sur le plan intérieur à remporter *in extremis* les élections de septembre 2002, mais il a aussi réussi à affirmer un nouveau rôle diplomatique pour son pays. Quand De Gaulle et Adenauer ont signé le traité de 1963, ils associaient la légitimité politique française à la puissance économique allemande. L'Allemagne de 2003 est à la peine sur le plan économique. La croissance est nulle cette année-là. Par ailleurs, à Bonn et à Brême, l'Allemagne défendait le sérieux monétaire, qui a, depuis la réunification, connu bien des déboires : entre 1991 et 1999, l'inflation a été de 2,5 % par an contre 1,7 % en France. Mais elle compense ses difficultés économiques par une affirmation politique nouvelle. Rejoignant Chirac dans le refus de la guerre d'Irak, elle le met en porte-à-faux en s'affirmant dans un domaine, l'opposition aux États-Unis, dont le gaullisme avait fait une exclusivité française au sein de l'OTAN. Chirac aurait pu répondre à ce défi par un renforcement économique de la France. Il va se contenter de gagner du temps. Le seul sujet sur lequel il se mobilise est la politique agricole commune.

Les réformes de la PAC du début des années 1990 avaient été consenties pour faire avancer les négociations commerciales internationales. En 2003, l'enjeu est l'arrivée de nouveaux pays qui ont des populations rurales importantes et des agricultures convalescentes après les désastres dus à la collectivisation de la période communiste. Les Britanniques mènent l'offensive contre la PAC. Depuis septembre 1999, le président de la Commission européenne est l'Italien Romano Prodi. Idéologiquement, il est proche de Blair et de Schröder. En 2002, il s'accorde avec eux pour que l'Union demande à un comité d'experts, présidé par l'universitaire belge André Sapir, un rapport sur la mise en conformité du budget, certes réduit, de l'Union européenne avec la stratégie de Lisbonne. Il est remis en juillet 2003, mais, dès la fin 2002, son contenu est dévoilé. Pour les rédacteurs, l'Europe n'a pas su prendre le virage de la mondialisation et du capitalisme cognitif. Par conséquent, le PIB par tête stagne par rapport à celui des États-Unis. Leurs recommandations sont simples : « Ce qu'il faut, aujourd'hui, c'est plus d'opportunités d'emploi, plus de mobilité au sein et entre les entreprises, plus de formation continue, un recours plus systématique aux marchés financiers et davantage d'investissements dans la recherche-développement et dans l'éducation. »

Le point de vue émis sur l'agriculture irrite Paris : « Tel qu'il est aujourd'hui, le budget de l'Union est une relique de l'histoire », écrivent les experts du comité Sapir. En effet, il consacre 44,3 milliards d'euros sur un total de 97,5 milliards au « secteur déclinant » qu'est l'agriculture. Sentant venir le coup, Chirac propose, dès janvier 2003, un accord à Schröder qui sent venir les coûts. Ils se mettent d'accord pour faire passer le budget de la PAC de 44,3 à 41,66 milliards d'euros en 2006, puis de lui assurer une progression de 1 % par an en valeur jusqu'en 2013. À la Commission de mettre à profit les dix ans qui séparent l'Europe de 2013 pour concevoir une réforme de la PAC adaptée au nouveau contour géographique de l'Union.

La désinvolture de Paris et de Berlin provoque l'agacement des autres membres, présents ou futurs, de l'Union européenne. Le 30 janvier, Tony Blair en profite et fait signer à sept pays, membres de l'Union (Danemark, Espagne, Italie, Portugal) ou candidats (Hongrie, Pologne, République tchèque), une lettre de soutien à la politique américaine vis-à-vis de l'Irak. Elle provoque également l'irritation de Romano Prodi, qui demande que le sommet de novembre de l'Union soit consacré à un examen en profondeur du respect du PSC par les signataires du traité d'Amsterdam.

Pour Chirac, après les échanges tendus autour de la PAC, commence un nouveau front, celui de sa politique budgétaire. Une première alerte a été donnée par le nouveau président de la Banque centrale européenne. Le 1er novembre 2003, Wim Duisenberg quitte la présidence de la BCE pour laisser son fauteuil à Jean-Claude Trichet, qui se rappelle au bon souvenir de Chirac alors qu'il est encore gouverneur de la Banque de France. Le 22 juillet, la Banque de France publie son rapport annuel. Trichet y critique la politique du président, alors même que ce dernier vient d'insister sur ses intentions fiscales lors de son intervention du 14 juillet. Ce jour-là, justifiant sa politique de baisse d'impôts, Chirac affirme qu'il faut faire preuve de modération dans la mise en œuvre de la rigueur budgétaire. Il évoque la nécessité d'un certain « assouplissement » dans l'évaluation de la situation budgétaire. Dans sa lettre, Trichet rappelle que la France est, avec l'Autriche, le seul pays de la zone euro dont la dépense publique dépasse les 50 % du PIB (53,4 % en 2002), et il s'oppose à toute idée d'assouplissement du pacte de stabilité et de croissance, dont le texte fait l'objet, selon lui, d'un « consensus européen » et est un « élément important de la cohésion d'ensemble de la zone euro ». Il critique la stratégie de fuite en avant dans les déficits : « Il est important de noter que l'intention du pacte est bien de favoriser la plus forte croissance possible en prenant en compte pleinement l'impact des perspectives que se tracent les agents économiques, et en particulier le supplément de confiance, et donc de croissance, apporté par une stratégie de maîtrise des finances publiques. »

Trichet et Prodi attendent donc Chirac, et accessoirement Schröder, au tournant. Quel est l'état des lieux en novembre 2003 ? Guère brillant pour les grands pays : les déficits supérieurs au seuil de 3 % ne concernent que la France, l'Allemagne et le Royaume-Uni. Facteur aggravant, la France et l'Allemagne dépassent toutes les deux en 2003 les 60 % de dette publique. Dès la fin janvier, et au lendemain même des agapes berlinoises franco-allemandes, la Commission a lancé une procédure pour « déficit excessif » contre la France et l'Allemagne. Toutefois, les sanctions ne sont pas automatiques et doivent être prononcées par le Conseil européen, le 23 novembre. Berlin fait profil bas. D'autant plus que Schröder a déjà engagé un processus de correction de la trajectoire économique du pays. En revanche, la France prend l'affaire de haut.

Les seules mesures de redressement prises en 2003 portent sur les retraites. De même qu'Édouard Balladur en 1993 avait appliqué une partie du Livre blanc que Michel Rocard avait consciencieusement remisé dans un placard, de même le ministre des Affaires sociales de 2003, François Fillon, reprend certaines propositions du rapport Charpin. Il étend les réformes de 1993, qui portaient sur le régime général, aux retraites de la fonction publique : allongement de la durée de cotisation, incitations à l'activité de ce qu'il est désormais convenu d'appeler les « seniors ». Reprenant l'idée du rapport Charpin sur la nécessité de compléter le système par répartition par une composante en capitalisation, il institue un système individualisé de retraite par capitalisation, le PERP (plan d'épargne retraite populaire). Ce n'est pas rien, même si, la démographie française étant ce qu'elle est, le problème des retraites va revenir sur le tapis. Bien que cette avancée sur la voie du redressement financier ne soit pas négligeable, elle reste isolée. François Fillon, devenu entre-temps très « sarkozyste », dira en 2005 : « Quand on fera le bilan de Chirac, on ne se souviendra de rien. Sauf de mes réformes[1]. »

La Commission n'est pas loin de penser la même chose. Elle engage donc une procédure pour déficit excessif contre la France qui, se sentant coupable, adopte une attitude agressive. Elle soutient qu'elle n'applique pas le PSC parce qu'il est inapplicable. Elle rappelle que Romano Prodi a déclaré en octobre 2002 que ce pacte est « stupide, comme toutes les décisions rigides ». Et, pour forcer le destin, elle demande une réforme du pacte. Vu le ton des répliques françaises, les demandes de sanction de la Commission sont écartées. Et la Commission accepte l'idée de faire des propositions allant dans le sens d'une meilleure adaptation du pacte à la réalité économique. Il s'agit de raisonner en fonction de la situation conjoncturelle et donc de mettre le cycle au centre de l'analyse.

Le 25 novembre 2003, la France de Jacques Chirac a fait en sorte que le Conseil s'affranchisse des procédures du pacte de stabilité – tout en proclamant vouloir rester fidèle à son esprit – avec la complicité honteuse de Berlin. Pour Paris, c'est une victoire. Mais une victoire à la Pyrrhus. Le projet européen est ébranlé par ce refus qui devient répétitif des autorités françaises de respecter leurs engagements et par l'impunité dont bénéficie Paris. Aux yeux de beaucoup de pays, il y a deux poids, deux mesures ; il y a des règles obligatoires pour les « petits » et aléatoires pour les « grands ».

1. Depuis, ces sentiments sarkozystes se sont corrigés.

La Commission, consciente du problème, essaie de rattraper le coup. Pour montrer que l'on s'engage sur une voie dangereuse si le droit ne s'applique pas de façon égale, elle saisit la Cour de justice des Communautés européennes (CJCE), qui rend un arrêt le 13 juillet 2004 lui donnant raison dans la mesure où il annule formellement la décision du Conseil de suspendre la procédure pour déficits excessifs engagée à l'encontre de l'Allemagne et de la France. Mais il donne aussi raison à la France, car dans ses attendus la cour constate que nul n'a la possibilité matérielle et physique de contraindre les gouvernements français et allemand à changer de politique budgétaire.

La France isolée

Conscients d'être allés trop loin, les Allemands corrigent leur comportement. Schröder sent que la procrastination n'est plus de mise. Il a accédé au pouvoir en septembre 1998 ; à l'époque, son programme n'est guère précis. Les commentateurs ne retiennent qu'une seule chose. Peu avant sa victoire, interrogé sur ses possibles similitudes avec ce que font les socialistes français revenus aux affaires, il déclare : « J'espère que la France décidera de passer à la semaine de 35 heures à salaire constant. Ce sera très bon pour l'industrie allemande. »

Devenu chancelier fédéral, il nomme Oskar Lafontaine ministre des Finances. Supposé représenter l'aile gauche du parti, Lafontaine, qui a néanmoins défendu, lors de la réunification, la nécessité de sauvegarder la tradition anti-inflationniste de la politique économique allemande, notamment en ne réalisant pas immédiatement la conversion mark est/mark ouest, se prononce pour l'acceptation d'un certain montant de déficit dès lors qu'il est consacré à financer des investissements.

Début 1999, les signes annonciateurs du ralentissement de la croissance apparaissent en Allemagne : elle passe de 2,8 % en 1998 à 1,7 % en 1999. Schröder en profite pour affirmer son opposition aux idées de Lafontaine, lequel quitte le gouvernement le 11 mars et fonde Die Linke, parti à la gauche de la gauche qui critique systématiquement les sociaux-démocrates. Schröder assume dès lors son centrisme et signe avec Tony Blair le manifeste de modernisation de la gauche européenne auquel Jospin a refusé de s'associer.

Les années qui suivent sont marquées par un certain immobilisme. Pourtant, en octobre 2002, entamant une nouvelle législature, Schröder se décide à porter le fer dans la plaie. Il nomme Wolfgang Clement, un des leaders de l'aile libérale du SPD, à la tête d'un « super-ministère » regroupant ceux du Travail et de l'Économie. Clement a pour mission de diviser le chômage par deux en trois ans. Favorable à la libéralisation de l'économie, notamment l'assouplissement de la loi sur les licenciements et la libre concurrence dans le placement des chômeurs, il est l'un des principaux concepteurs de l'Agenda 2010 que Schröder présente au Bundestag le 14 mars 2003.

Clement et Schröder s'appuient sur les conclusions d'une commission présidée par Peter Hartz, directeur du personnel de l'entreprise automobile Volkswagen. Mis en avant pour désigner les réformes en Allemagne, il donne son nom à quatre lois : la première oblige les chômeurs à accepter un emploi, y compris si le salaire est inférieur à l'indemnité chômage ; la deuxième crée les « mini-jobs » à moins de 400 euros mensuels et facilite la création d'entreprises individuelles par les chômeurs ; la troisième limite à un an le versement des allocations chômage pour les travailleurs âgés et durcit les conditions d'attribution ; la quatrième fusionne les allocations chômage de longue durée avec l'aide sociale.

Le choix de Schröder pour rétablir la situation est celui de la croissance. Le moyen est la libéralisation du marché du travail. Après la formation d'une grande coalition entre les chrétiens-démocrates et les sociaux-démocrates, en novembre 2005, le gouvernement dirigé par Angela Merkel décide d'augmenter la TVA de 3 points, faisant passer son taux de 16 à 19 %. Deux tiers des recettes supplémentaires sont consacrés à réduire le déficit public et un tiers à compenser une baisse des charges sociales. L'Allemagne renoue avec la croissance, l'équilibre budgétaire et le respect de ses engagements européens.

En France, le sommet de novembre 2003 ne produit pas les mêmes résultats. Chirac se contente de répéter qu'il faut assouplir le pacte de stabilité. Avec la mise en œuvre des réformes en Allemagne, les distorsions vont aller en s'accentuant, entre une puissance allemande restaurée sur le plan économique et une puissance politique française diminuée par l'incurie économique de ses dirigeants.

Dans l'entourage de Chirac, de nombreuses voix s'élèvent pour lui faire entendre raison. De 2002 à mars 2004, le ministre de l'Économie et des Finances est Francis Mer, un polytechnicien, ingénieur du corps des mines, qui a fait sa carrière dans l'industrie. Son nom est associé à la création d'Arcelor, entreprise regroupant les restes des sidérurgies française, luxembourgeoise et espagnole. Depuis les premiers plans « acier » de Raymond Barre, la situation de la sidérurgie n'a cessé de se dégrader. Entre gains de productivité et baisse de production, les effectifs ont fondu comme neige au soleil. Nationalisée en 1981, la sidérurgie est privatisée en 1995. Elle emploie alors 65 000 personnes, soit 43 % de l'effectif de 1975. Nommé à sa tête en 1986, Francis Mer est maintenu à son poste après la privatisation. Il entame des négociations avec d'autres sidérurgistes européens qui vont conduire début 2002 à la création d'Arcelor. Mis en vedette par cette opération, Chirac, qui tient à donner de lui l'image de quelqu'un proche des entreprises, lui propose Bercy. Quelques jours après les déclarations présidentielles du 14 juillet 2003 sur l'« assouplissement » nécessaire du PSC, Francis Mer participe à Berlin à une réunion du Triangle de Weimar[1]. Interrogé sur les nouvelles déclarations de Jacques Chirac et sur les intentions de la France, il déclare que Paris va « faire le maximum possible pour respecter l'esprit de ses engagements européens » en matière de déficit public et affirme haut et fort que le budget de 2004 respectera ceux-ci. Mais il perd dans les derniers arbitrages et, quand il présente le budget au Parlement, deux mois plus tard, le rapport économique et financier associé commence un de ses chapitres par la phrase : « En 2004, le déficit public serait ramené à 3,6 % du PIB grâce à la maîtrise des dépenses. »

Déni et rapport Camdessus

Francis Mer quitte Bercy en mars 2004 pour laisser la place à Nicolas Sarkozy, qui se propose d'aborder le problème de façon plus large. Il décide d'être le porteur de réformes qui relanceront la croissance. Son propos est de substituer à la punition de la rigueur la dynamique de la croissance. Il demande à Michel Camdessus de présider un groupe de travail sur ce thème. Haut fonctionnaire, ce dernier a occupé les postes les plus prestigieux de l'administration économique française : directeur du Trésor de 1982 à 1984, au moment de la « rigueur », puis gouverneur de la Banque de France

1. Le Triangle de Weimar réunit l'Allemagne, la France et la Pologne. L'idée est d'associer la Pologne, qui fut longtemps un ennemi de l'Allemagne, et qui en fut la victime en 1939-1945, à l'esprit de réconciliation qui préside aux relations franco-allemandes. Ces rencontres n'ont jusqu'à présent débouché que sur des communiqués de bonnes intentions.

de 1984 à 1987, et enfin directeur général du FMI de janvier 1987 à février 2000[1]. Remis en octobre 2004, le rapport confirme sans surprise ce que d'autres ont dit précédemment : l'économie française perd de la croissance faute de réformes. Elle souffre d'une grande rigidité sur le marché du travail et de dépenses publiques trop élevées. Qui plus est, elle souffre de déni, c'est-à-dire du refus de ses dirigeants de prendre le taureau par les cornes. Quelles conclusions Nicolas Sarkozy tire-t-il de cela ? Pas grand-chose, car il quitte le gouvernement le 29 novembre 2004[2].

La France en guerre contre Francfort et Bruxelles

Entre-temps, Sarkozy a maintenu la pression chiraquienne sur les instances européennes. L'ennemi déclaré est plus que jamais la BCE et son président, Jean-Claude Trichet. Après avoir fait des pieds et des mains pour qu'il prenne la direction de la BCE, les Français ne cessent de le critiquer. Sa première audition par le Parlement européen, en septembre 2003, se fait en anglais. Surpris, certains parlementaires français s'indignent. Il précise « *I am not a Frenchman* » (« Je ne suis pas ici en tant que Français »), afin de bien montrer le prix qu'il attache à l'indépendance de la BCE, notamment vis-à-vis de son pays d'origine. Commentant l'attitude du gouvernement français lors du sommet de novembre 2003, Trichet insiste : « Le pacte a un fondement économique, il ne s'agit pas simplement d'une question de procédure. » Agacé, Chirac réagit :

---

1. Il a raconté son passage à la tête du FMI dans *La scène de ce drame est le monde. Treize ans à la tête du FMI* (Arènes, 2014) qui constitue un témoignage intéressant sur le fonctionnement de cette institution.

2. Le lecteur pourra tirer des conclusions à partir des quelques extraits du rapport en annexes, p. 231-234.

« Il faut soutenir et non pas neutraliser la croissance. C'est une mission pour les Européens tous ensemble. »

L'agressivité de Paris se tourne également contre la Commission. La France, qui fut un des pays en pointe dans la défense de l'Acte unique, notamment quand Jacques Chirac était Premier ministre de cohabitation, se lance dans une série de diatribes contre les « ayatollahs » de la concurrence. La cible de ces attaques est le commissaire en charge du secteur, l'Italien Mario Monti. La tension atteint des sommets à propos du dossier Alstom.

En 2003, ce groupe industriel connu pour être le constructeur du TGV est au bord de la faillite, avec 1,4 milliard d'euros de pertes et un endettement de 5,3 milliards. Un premier plan de sauvetage est élaboré par Francis Mer, mais il est bloqué par Bruxelles. Monti s'oppose à ce que l'État français entre au capital d'Alstom au nom du respect de la concurrence. Dès son arrivée à Bercy, en mars 2004, Nicolas Sarkozy s'empare de l'affaire. Il fait, selon l'expression devenue célèbre de Monti, « irruption dans le dossier ». À l'issue de longues négociations, les deux hommes parviennent à un accord. L'État français acquiert 21,4 % du capital du groupe, évitant la faillite d'Alstom. À Bruxelles, on a peu apprécié le comportement des Français. Revenant en mars 2007 sur ces événements, Monti exprime l'amertume qu'inspirent les agissements français à beaucoup de responsables européens : « Aucun État membre n'a besoin de héros pour le sauver des agressions de la Commission », parce que l'Europe « n'est pas une entité sadique, qui demande des sacrifices inutiles ». Il ajoute : « Il serait néfaste que les citoyens des petits pays membres, des nouveaux États membres, soient amenés à croire que les grands États membres, les pays fondateurs, surtout s'ils ont des leaders politiques forts et déterminés, peuvent plier à leur avantage nos règles communes. »

Après le départ de Nicolas Sarkozy, Jean-Pierre Raffarin essaie de calmer le jeu. Il plaide la « désescalade ». D'autant que le 29 octobre 2004, à Rome, là où fut signé le traité ayant créé le Marché commun, les désormais vingt-cinq pays de l'Union européenne ont signé un nouveau texte rédigé par une équipe animée par Valéry Giscard d'Estaing et présenté comme la future « Constitution » de l'Europe. À l'issue du Conseil des ministres du 9 mars 2005 est annoncée la décision de soumettre au référendum le projet de loi autorisant la ratification de ce nouveau « traité de Rome », qui doit avoir lieu le 29 mai. Il est donc de mauvaise politique de gourmander sans cesse Bruxelles tout en réclamant au peuple d'approuver ce qui passe pour un approfondissement de la construction européenne. De fait, le résultat confirme que les critiques récurrentes de Bruxelles ne sont pas sans conséquences. Alors que la plupart des commentateurs politiques pensent au départ que le « oui » va l'emporter, la campagne infirme ce pronostic. Les partis dits « de gouvernement » se déchirent. Au parti socialiste, Jean-Luc Mélenchon et Henri Emmanuelli, leaders de l'aile gauche du PS, mais aussi Laurent Fabius, soutiennent le « non ». Le 29 mai, le « non » l'emporte, obtenant 54,87 % des voix contre 45,13 % pour le « oui ». L'abstention s'élève à 30,26 %.

Pour Chirac, la défaite est sévère et certains n'hésitent pas à le mettre en cause. Il serait intervenu pendant la campagne de façon contre-productive, paraissant hésitant, dépassé et loin des réalités quotidiennes. À force de répéter que les eurocrates de Bruxelles sont des idéologues bornés et que la BCE est un repaire de « sado-monétaristes », les autorités françaises ont donné une certaine légitimité au « non ». À ceux qui lui réclament de partir, comme De Gaulle l'avait fait en avril 1969 après avoir perdu un référendum, Chirac répond par un changement de Premier ministre.

CNE et CPE

Dominique Galouzeau de Villepin devient Premier ministre le 31 mai 2005. Chirac, affaibli, y compris physiquement[1], choisit un fidèle de la première heure. Villepin est un ancien élève de l'ENA. Il appartient à la célèbre promotion « Voltaire », celle de François Hollande et de Ségolène Royal. Chirac le nomme ministre des Affaires étrangères en 2002. C'est à ce titre qu'il s'illustre au moment de la guerre d'Irak par un discours retentissant aux Nations unies. Premier ministre, il cherche à recoller les morceaux européens. Pour cela, il s'appuie sur Thierry Breton, nommé ministre des Finances. Entre Nicolas Sarkozy et lui, Hervé Gaymard a brièvement occupé le poste, avant d'être obligé de démissionner pour une affaire de logement de fonction.

Thierry Breton a un profil voisin de celui de Francis Mer. Ingénieur de formation[2], il a dirigé plusieurs entreprises. Quand il est appelé à Bercy, il est à la tête de France Télécom depuis octobre 2002. Il y a réduit l'endettement et, dès ses premières déclarations, il annonce son intention de se donner un objectif semblable pour l'État. Il met au centre de son action le respect du PSC, et plus particulièrement sa composante « ratio d'endettement ». En 2003, la dette publique a franchi le seuil des 60 % du PIB. L'année suivante, quand Thierry Breton emménage à Bercy, elle est à 64,4 %. En outre, les tensions sur le prix du pétrole font réapparaître des problèmes de déficit extérieur. La France vit de nouveau au-dessus de ses moyens, mais, comme le souligne le rapport Camdessus, elle se refuse à le voir. En 2004, le besoin de

1. Le 2 septembre 2005, il est victime d'un AVC qui le laisse diminué.
2. Il est diplômé de l'École supérieure d'électricité.

financement de la nation représente 0,6 % du PIB. En 2005, il monte à 2,1 %.

Thierry Breton et Dominique de Villepin se partagent la tâche. À Villepin l'emploi et la politique intérieure ; à Breton les finances publiques et le énième retour de la France dans le giron européen.

Dans sa déclaration de politique générale, le Premier ministre précise son action sur le chômage. Il annonce : « Dans le respect du code du travail, je propose la mise en place, à compter du 1er septembre, d'un nouveau type de contrat de travail à durée indéterminée, le "contrat nouvelle embauche". Mieux adapté aux contraintes des très petites entreprises auxquelles il pourra être proposé, il conciliera plus de souplesse pour l'employeur et de nouvelles sécurités pour le salarié. » Mûrement réfléchi, ce contrat nouvelle embauche s'inscrit dans la logique de flexibilisation du marché du travail qui semble faire l'unanimité parmi les experts.

Lors du cycle de la fin de la décennie 1990, l'année où le chômage atteint son plus bas niveau est 2001. C'est la période la plus favorable, l'année où l'économie française est au mieux de sa forme. Pourtant, le nombre de chômeurs est encore de 2,1 millions. Rapporté à la population active, cela fait un taux de chômage de 7,8 %. Or, des pays comme le Royaume-Uni, qui ont su mener des réformes de fond, ont à la même époque des taux de chômage inférieurs (6,5 % en 2000). En outre, le nouveau gouvernement entend favoriser les PME, référence à une Allemagne en plein redressement dont on loue le tissu d'entreprises moyennes[1]. Le « contrat

1. Ce tissu de PME allemandes se voit attribuer toutes les vertus. On le présente non seulement comme la principale source du dynamisme dans les créations d'emplois, mais aussi comme l'origine du retour du pays à des excédents extérieurs (en 2005, l'excédent extérieur allemand mesuré par la capacité de financement du pays est de 4,2 % du PIB).

nouvelle embauche » (CNE) est donc réservé aux entreprises de moins de vingt salariés. Il est mis en place en août 2005. Toutes les règles du droit du travail s'appliquent, seules les règles de licenciement sont différentes. Le contrat peut être librement rompu pendant les deux premières années.

À l'automne 2005, la banlieue s'embrase. Les émeutes commencent à Clichy-sous-Bois, suite à la mort de deux adolescents, le 27 octobre, électrocutés dans l'enceinte d'un poste électrique alors qu'ils cherchaient à échapper à un contrôle de police. Elles se répandent comme une traînée de poudre, l'état d'urgence est décrété le 8 novembre. Il dure jusqu'au 17 novembre, date à laquelle la police estime que la situation est redevenue normale.

Après cette reprise en main, le gouvernement prend des mesures propres à favoriser le développement économique des zones à la dérive et crée les ZFU (zones franches urbaines). Surtout, convaincu que le CNE est le bon moyen de faire tomber le mur entre les *insiders* et les *outsiders*, il met en place un dispositif similaire pour les jeunes qui entrent sur le marché du travail. Et il introduit, par amendement du gouvernement, le contrat première embauche (CPE) dans une loi alors en cours d'examen, intitulée « loi pour l'égalité des chances ». Il s'agit de décalquer le CNE mais en fixant des conditions sur l'employé (un jeune de moins de 26 ans) et non sur l'employeur. La réaction ne se fait pas attendre : de février à début avril 2006, le pavé parisien et provincial retrouve les manifestations d'étudiants et de lycéens sur le même mode que celles contre le CIP. Bien que défendu par Dominique de Villepin, le CPE connaît le même sort. Il est finalement retiré, mais dans des conditions rocambolesques : début avril 2006, Jacques Chirac annonce à la télévision la promulgation de la loi créant le CPE, tout en demandant aux autorités, notamment judiciaires, de ne pas l'appliquer… Le président, qui avait poignardé dans le dos Juppé au moment des grèves de décembre 1995, réitère son geste, dix ans après, sur un autre de ses Premiers ministres, pour donner satisfaction à la rue.

De son côté, Thierry Breton maintient le cap et affiche sa détermination de faire baisser le niveau de dette. Comme toujours, pour encadrer les enthousiasmes d'un ministre, l'administration conseille de commencer par la rédaction d'un rapport. L'encre du rapport Camdessus n'est pas tout à fait sèche que l'on se tourne vers un autre ancien haut fonctionnaire du ministère des Finances pour coordonner la rédaction d'un nouveau texte sur la dette publique.

Le rapport Pébereau (ou comment se défaire de la « culture de la dépense »)

Le 8 juillet 2005, Thierry Breton confie à Michel Pébereau le soin d'expertiser la situation financière de l'État. Polytechnicien et énarque, il est inspecteur des finances. Après une carrière dans la haute fonction publique, il rejoint le monde de la banque en 1982. En 2005, il dirige la banque BNP Paribas. Président d'une commission qui réunit vingt personnes, il remet son rapport en décembre 2005.

Le constat fait n'est pas original, mais sa force est qu'il souligne le gâchis des périodes de croissance qui n'ont pas été mises à profit pour apurer les comptes. Dans le rapport, les problèmes traités et les suggestions vont au-delà de la simple analyse comptable de l'endettement. Ainsi, il est écrit : « Le respect de nos engagements européens en matière de finances publiques conditionne notre crédibilité au niveau européen et l'attention que porteront nos partenaires à nos propositions. » Le message est encore clair : l'Europe est un atout pourvu qu'on en respecte les règles. Revenant sur le cas spécifiquement français, il s'inquiète de ce qu'il appelle la « culture de la dépense » : « La "culture de la dépense" s'est ainsi substituée à la recherche d'une efficacité en profondeur et à la fixation d'objectifs en termes d'utilité pour les citoyens et pour l'économie. Ce faisant, la France a peu à peu accumulé les déficits publics, sans parvenir à résoudre les problèmes du chômage et de la pauvreté. Elle s'est endettée dans des conditions qui restreignent ses marges de manœuvre pour la régulation conjoncturelle et qui hypothèquent son avenir à moyen terme. »

Le rapport répond ensuite aux détracteurs des politiques d'austérité/de rigueur qu'ils accusent de casser la croissance. Enfin, viennent les préconisations, qui égratignent au passage le « théorème de Chirac » sur la « cagnotte » et insistent sur la gestion en stabilisateur automatique de la politique budgétaire :

> Quatre principes devraient guider la politique budgétaire de l'État une fois l'équilibre atteint : dans la mesure du possible, ne pas diminuer le niveau global des prélèvements obligatoires en phase haute de cycle, ce qui n'empêche pas de revoir leur structure ; continuer de diminuer l'ensemble des dépenses de l'État à un rythme moins important que durant la phase de retour à l'équilibre mais garantissant tout de même une baisse en euros constants. Cette règle s'appliquerait à l'ensemble des dépenses, y compris le provisionnement progressif du manque de financement futur du régime de retraite des fonctionnaires de l'État ; constituer ainsi en phase haute de cycle des réserves grâce à l'écart entre les dépenses, qui évolueraient donc moins vite que l'inflation, et les recettes, qui suivraient globalement le PIB ; utiliser cette marge de manœuvre pour atténuer l'effet d'un ralentissement de la croissance, par des baisses d'impôts et/ou des augmentations de dépenses, sans enfreindre nos engagements européens.

Le rapport doit donner des signes d'apaisement aux partenaires de la France. Après la relance de 1981, il y a eu la rigueur ; après la « fracture sociale », il y a eu le plan Juppé ; après les baisses d'impôt de 2002 et le calamiteux sommet de novembre 2003, il y a le rapport Pébereau. Le 14 décembre, Dominique de Villepin commente le rapport avec une certaine solennité et affirme la volonté du gouvernement de revenir à un niveau de dette inférieur à 60 % du PIB. Une affirmation qui restera lettre morte.

Simultanément, ayant mal vécu les affrontements de 2003, la Commission et l'Allemagne travaillent à une révision du pacte de stabilité et de croissance. Le 27 juin 2005, une nouvelle version est adoptée. Prenant en considération la diversité des situations économiques et budgétaires de chaque pays membre, elle propose de centrer les objectifs sur le déficit structurel qui doit être nul. La réforme du pacte change les repères ; les 3 % de déficit et les 60 % de dette sont plus que jamais d'actualité en tant que critères de Maastricht pour rejoindre l'UEM. Mais, en tant que critères du pacte de stabilité, ils tendent à perdre de leur importance au profit d'une analyse par rapport à la situation conjoncturelle. Le TSCG – traité sur la stabilité, la coordination et la gouvernance qui sera adopté en 2011 – est l'aboutissement de cette mutation du pacte. Il aurait pu voir le jour plus tôt si une nouvelle élection en France n'avait pas rebattu les cartes en réintroduisant une période d'affrontement et de volontarisme brouillon.

Annexes

Tableau 1. Prix du baril de pétrole en moyenne annuelle sur la durée du cycle 2002-2008

	2002	**2003**	**2004**	**2005**	**2006**	**2007**	**2008**
Dollars	24,9	27,7	38,2	62,5	65,1	72,5	101
Euros	26,2	23,3	30,8	51,4	51,9	52,6	65

Source : INSEE.

Commentaire : en février 1980, en dollars de 2008, le pétrole a atteint son précédent record à un niveau de 102 dollars. Le prix du pétrole baisse fortement en fin d'année 2008 avec la récession. En juin, le baril vaut 85 euros ; en décembre, il ne coûte plus que 30 euros.

Tableau 2. Déficit et dette publics entre 2003 et 2007

	2003	**2004**	**2005**	**2006**	**2007**
Déficit public (en % du PIB)	– 4,1	– 3,6	– 3	– 2,6	– 2,7
Déficit structurel	– 3,7	– 3,4	– 2,9	– 2,6	– 2,9

	2003	2004	2005	2006	2007
Déficit conjoncturel	– 0,4	– 0,2	– 0,1	0	0,2
Poids de la dette publique au 31 décembre	62,4	64,3	66,2	63,7	64,2

Sources : INSEE ; OCDE ; calculs de l'auteur.

Situation budgétaire des pays de l'Union européenne vis-à-vis du PSC au sommet de novembre 2003

Trois pays sont en contravention : la France (– 4,1 % du PIB en 2003 après – 3,2 % en 2002), l'Allemagne (– 3,9 % contre – 3,2 % en 2002) et, à l'extérieur de la zone euro, le Royaume-Uni (– 3,2 % contre – 1,6 % en 2002).

Un solde négatif, mais inférieur aux 3 % de référence, est observé dans six autres États de la zone euro : les Pays-Bas, à raison de – 3 % du PIB en 2003 contre – 1,9 % en 2002 ; le Portugal, avec – 2,8 % en 2003 contre – 2,7 % en 2002 ; l'Italie, – 2,4 % contre – 2,3 % en 2002 ; la Grèce, à raison de – 1,7 % et – 1,4 % en 2002 ; l'Autriche, avec – 1,1 % et – 0,2 % en 2002 ; le Luxembourg, où le déficit est de – 0,1 % qui succède cependant à un excédent de 2,7 % en 2002.

Les autres pays sont en excédent public. Certains en 2003 et déjà en 2002, comme la Finlande (+ 2,3 % du PIB et + 4,3 % respectivement) et la Belgique (+ 0,2 % et + 0,1 %), hors zone euro le Danemark (+ 1,5 % en 2003 et + 1,7 % en 2002). Un excédent a succédé à un déficit en Espagne, avec un surplus de + 0,3 % du PIB en 2003 contre un très léger déficit en 2002, en Irlande, où le solde public est passé de – 0,2 % du PIB en 2002 à + 0,2 % en 2003, de même qu'en Suède (+ 0,7 % en 2003), laquelle n'appartient pas à la zone euro et avait enregistré un très faible déficit en 2002.

Extraits du rapport Camdessus

> Force est de reconnaître que, sur les dix dernières années, la performance de croissance française en Europe n'est supérieure qu'à celle de l'Allemagne, et est proche de celle de l'Italie. Tous les autres pays ont connu une croissance par tête plus importante, y compris des pays qui n'étaient pas en situation de rattrapage par rapport à la France (Finlande, Royaume-Uni, Suède, Belgique, Pays-Bas). Ceci met en lumière deux évolutions :
> *Une performance en matière de croissance médiocre.* Se situer dans la moyenne d'une zone euro tirée vers le bas par ses trois pays principaux, l'Allemagne, l'Italie et la France, ne peut nous satisfaire. Le contraste est saisissant avec la période des Trente Glorieuses où notre taux de croissance se situait continûment à environ un point au-dessus de celui de nos partenaires.
> *Un problème qui vient de loin.* Hors les effets cycliques et les soubresauts conjoncturels, derrière les embellies qui pour quelque temps nous euphorisent – dans les dernières années du XXe siècle, par exemple, tout comme au cours des mois que nous traversons – la France connaît un rythme de croissance durablement ralenti.

Croissance ralentie, donc. Mais on ne peut en rester à ce simple constat.

> Parmi les traits qui l'accompagnent, trois apparaissent lourds de conséquences :

Un ralentissement de la croissance de la productivité. La productivité par heure travaillée est élevée en France. Les chiffres sont même flatteurs, puisqu'elle est plus élevée qu'aux États-Unis. Ils ne nous permettent pas de pavoiser : une fois corrigée du fait que le taux d'emploi est plus faible en France qu'aux États-Unis, et que la durée du travail y est également plus faible, notre performance apparaît alors légèrement inférieure à celle des États-Unis. On pourrait s'y résigner. En revanche, si en niveau, la productivité horaire semble satisfaisante, ses évolutions apparaissent préoccupantes. En effet, jusqu'à la fin de la décennie 1980, la productivité française et européenne a crû plus rapidement que celle des États-Unis : l'Europe connaissait un processus de rattrapage du pays « leader ». Toutefois, alors que la productivité du travail a accéléré aux États-Unis pendant la décennie 1990, elle s'est ralentie en Europe. Elle croît désormais plus vite aux États-Unis, de l'ordre de 0,75 à 1 point. Ainsi, le rattrapage de l'Europe ne semble pas seulement avoir été stoppé, mais l'écart se creuse à nouveau en faveur des États-Unis. Quelques années ne suffisent certes pas à asseoir une tendance lourde. Néanmoins, le doute pèse sur les performances européennes de productivité.
Un déficit d'investissement, en particulier dans les nouvelles technologies. Les années 2002 et 2003 ont été marquées par la faiblesse de l'investissement des entreprises, celui-ci s'étant contracté de près de 4 % en 2002 et de près de 2 % en 2003. Naturellement, le ralentissement de la demande qui était adressée aux entreprises a pesé, mais le repli de l'investissement est allé au-delà des effets habituels d'un tel ralentissement. Sectoriellement, la France apparaît sensiblement en retrait vis-à-vis des États-Unis, mais aussi de nombreux partenaires européens (Finlande, Irlande, Suède, Royaume-Uni) en matière de technologies de l'information et de communication (TIC), que ce soit dans le domaine de la production ou en matière de diffusion. Ainsi, sur la période 1996-2001, les investissements en biens TIC ont représenté en France

2,5 % du PIB et 17 % de l'investissement total, contre respectivement 4,5 % et 28 % aux États-Unis et 3 % et 22 % au Royaume-Uni. Aussi significatif est le recul continu de la part des investissements publics dans le PIB. Entre 1959 et 1991, la croissance annuelle moyenne du volume de l'investissement public a été de plus de 3,5 % ; ce résultat diffère profondément de celui constaté entre 1991 et 2000, où l'investissement public s'est contracté de 1,2 % par an. La part de l'investissement public dans le PIB a évolué des années 1960 jusque dans les années 1990 dans un « couloir » de 1 point autour d'une valeur moyenne de 5 %. Tout au long des années 1990, cette part a régulièrement chuté, perdant au total un point sur la période, alors même que la part des dépenses publiques totales dans le PIB a augmenté.

Un rétrécissement, enfin, des moyens d'action des pouvoirs publics. Ceci pour faire face tant à des préoccupations majeures en matière sociale et environnementale qu'à la préparation de l'avenir.

Le rapport ne se contente pas du diagnostic économique courant. Il souligne l'insouciance, pour ne pas dire l'irresponsabilité des dirigeants français :

Face à nos problèmes, un grave syndrome de déni s'installe et enraye les tentations de réforme autres que de surface. Le décrochage n'en est pas moins réel. Il nous conduirait dans une dizaine d'années – si rien n'était fait pour inverser les phénomènes pervers que nous observons – à une situation difficilement réversible. En effet, si nous ne changeons rien – ni taux d'emploi, ni rythme du progrès technique, ni volume d'investissement – notre croissance « potentielle », le rythme de croisière possible de notre économie, est vouée à ralentir de 2,25 % aujourd'hui à 1,75 % à l'horizon 2015 par le simple effet de vieillissement de la population. De plus, il convient d'ajouter à notre endettement déjà élevé une dette implicite,

> qui est aujourd'hui estimée à environ 200 points de PIB. Cette dette implicite correspond à l'augmentation spontanée des dépenses publiques liées aux dépenses de santé et de retraite à systèmes publics inchangés. Elle deviendra, progressivement, explicite au fur et à mesure de l'arrivée à échéance des engagements futurs. Une stabilisation en volumes des dépenses de l'État pendant quinze ans ne serait pas même suffisante pour éviter à notre dette une dérive insoutenable.

Puisqu'il est adressé au ministre de l'Économie et des Finances, le rapport insiste sur le problème des finances publiques :

> Avec des dépenses publiques atteignant 54,7 % du PIB, la France souffre à l'excès du poids de l'État sur son économie par rapport aux résultats qu'il obtient. Par la charge injustifiable qu'elle place, par la dette, sur les épaules des générations futures, elle piétine un des principes majeurs du développement durable. En restreignant chaque année davantage la marge de manœuvre de l'État, elle construit son impuissance. Dans l'immédiat et par comparaison avec les économies concurrentes, il s'agit, là aussi, d'un handicap structurel pour la croissance. Les ressources financières et humaines dégagées par une concentration radicale des moyens de la sphère publique sur ses missions irremplaçables apporteraient un supplément notable – au fil du temps – à la croissance et au dynamisme de l'économie. L'action sur ce terrain doit donc être générale – affectant l'État, ses entreprises publiques, les organismes sociaux publics et les collectivités locales.

CHAPITRE 12

Être ou ne pas être en crise ?

2007-2012

Au printemps 2007, Nicolas Sarkozy remplace Jacques Chirac. Paradoxalement, alors qu'il faisait partie de l'équipe sortante, il a été élu sur un projet de rupture. Sur la place de la Concorde, le soir de son élection, il proclame : « Je ne vous trahirai pas, je ne vous mentirai pas, je ne vous décevrai pas. » Lorsqu'il s'installe à l'Élysée, l'économie européenne est portée par l'amélioration conjoncturelle. En 2007, le PIB de la France dépasse légèrement son PIB potentiel. Le résultat est une baisse du chômage, d'autant plus satisfaisante qu'elle repose sur une création sensible d'emplois privés (230 000 en 2006, 350 000 en 2007). Une ombre au tableau : malgré la politique de redressement de Thierry Breton, le déficit budgétaire structurel est de 2,6 %.

Sarkozy commence son mandat comme ses prédécesseurs par un affrontement avec l'Europe et les politiques libérales-monétaristes. Cependant, en interne, son attitude est plus ambiguë. Son anti-chiraquisme lui donne une réputation de libéral, et quelques mesures pourraient conforter cette réputation. En réalité, dans un contexte de crise, à partir de 2008, il subit la règle des « débuts keynésiens ». Lors du discours de Toulon de la fin 2008, il retrouve même des accents mitterrandiens pour se présenter en « refondateur du capitalisme ». Pourtant, la mue se fait déjà. Sur le plan européen, l'exercice de la présidence européenne au second semestre 2008 le conduit à coller à l'Allemagne et au Royaume-Uni. Et la crise grecque, qui commence fin 2009, le mène vers l'acceptation tardive, mais sans réserves, d'une politique libérale-monétariste.

Nouvelles embardées européennes

Le 9 juillet 2007, Nicolas Sarkozy se rend à la réunion des ministres des Finances de l'Eurogroupe. La présence d'un chef d'État à une telle rencontre est inhabituelle, voire anormale. Il la justifie en affirmant que « l'économie, la croissance, le plein-emploi sont des sujets si importants que les chefs de gouvernement et chefs d'État doivent s'en préoccuper directement ». À cette occasion, il se livre à une attaque très « chiraquienne » de la BCE et l'accuse de provoquer la « surévaluation de l'euro ». Il affirme vouloir changer ses priorités en lui intimant l'ordre de soutenir davantage la croissance et de moins se focaliser sur la lutte contre l'inflation. En outre, il déclare qu'il ne se considère pas lié par les engagements pris par Thierry Breton en termes de réduction de la dette.

De retour de cette réunion, Peer Steinbrück, le ministre allemand social-démocrate des Finances, commente en disant que dans les couples désunis le divorce est toujours possible. Quant à Jean-Claude Trichet, il répond qu'en se concentrant sur la stabilité des prix, la BCE « défend le pouvoir d'achat de 320 millions d'Européens, dont 63 millions de Français. Ce sont les plus pauvres, les plus démunis qui sont attaqués par l'inflation ». Et voici la France de nouveau en difficulté à Bruxelles, Berlin et Francfort.

À l'été 2007 ont lieu les premières alertes bancaires sur les *subprimes*. La BCE réagit et alimente les banques en liquidités.

À l'automne 2007, Sarkozy commente ces décisions : « On a fait des facilités pour les spéculateurs, on complique la tâche pour les entrepreneurs. » Au printemps 2008, le président français repasse ses plats anti-BCE. Le choc pétrolier pousse les prix à la hausse. L'indice des prix en zone euro augmente au rythme de 4 % par an, avec un taux sur les produits alimentaires de 6,4 %. Trichet envisage alors de monter ses taux. Paris tempête et réclame à la BCE non seulement de ne pas monter ses taux mais de les baisser.

Sur le plan intérieur, Sarkozy a nommé François Fillon Premier ministre. En juillet 2007, ce dernier fait voter la loi TEPA (travail, emploi, pouvoir d'achat), dont l'objectif affiché est de se donner les moyens de retrouver une forte croissance. La mesure phare de cette loi est la défiscalisation des heures supplémentaires. Elle est présentée comme libérale par le gouvernement, mais contribue à un creusement keynésien du déficit. Par ailleurs, une autre de ses mesures est le passage à 50 % du bouclier fiscal portant sur l'ISF[1]. Dans l'évolution du cycle économique français, les années 2006-2007 auraient dû être mises à profit pour réduire le déficit public. Or, le quinquennat commence, comme pour Chirac, par des baisses d'impôts. La loi TEPA augmente le déficit structurel qui atteint 3 % en 2007. Le FMI commente : « Le budget 2008 inclut certes plusieurs initiatives louables, mais il implique également une pause inopportune dans l'effort d'assainissement des finances publiques, conséquence des dispositions de la loi TEPA. »

1. Ce bouclier fiscal a fini par devenir un tel poids politique qu'il a été abandonné en 2012.

Premiers amendements libéraux

Le 23 janvier 2008, Jacques Attali remet à Nicolas Sarkozy les conclusions des travaux de la Commission pour la libération de la croissance française, qui reproduit la démarche du rapport Camdessus. Le début du rapport traduit la personnalité du président de la commission, qui ne saurait se comparer au technocrate Michel Camdessus : « Ceci n'est ni un rapport, ni une étude, mais un mode d'emploi pour des réformes urgentes et fondatrices. Il n'est ni partisan, ni bipartisan : il est non partisan. Ceci n'est pas non plus un inventaire dans lequel un gouvernement pourrait picorer à sa guise, et moins encore un concours d'idées originales condamnées à rester marginales. C'est un ensemble cohérent, dont chaque pièce est articulée avec les autres, dont chaque élément constitue la clé de la réussite du tout. »

En pratique, le rapport reprend des éléments déjà développés par l'OCDE, le FMI ou le rapport Camdessus. Il a quand même ses originalités : il insiste sur deux faiblesses de l'économie française, à savoir la subsistance de nombreux secteurs rentiers (c'est-à-dire ceux échappant à la concurrence) et une faiblesse du réseau de PME particulièrement frappante quand on compare la France à l'Allemagne. Du rapport Attali naîtra la loi LME (loi de modernisation de l'économie), dont la mesure la plus intéressante est la création du statut d'auto-entrepreneur.

Sarkozy essaie également d'assouplir la politique sociale. Il procède à la refonte du RMI qui devient le RSA (revenu de solidarité active). L'idée est de créer un écart de revenu plus important entre les gens qui travaillent et les chômeurs pour inciter ces derniers à trouver un emploi. Le gouvernement a conscience qu'il y a un problème de chômage des non-qualifiés et qu'une des raisons est le niveau du SMIC (la stratégie de l'emploi de l'OCDE est passée par là). Pour éviter de faire de l'augmentation du SMIC une affaire politique, on décide, à l'instar de certains pays comme le Royaume-Uni de Tony Blair, de faire reposer l'augmentation du salaire minimum sur les propositions d'une commission d'experts indépendants. Par conséquent, la tentation du « coup de pouce » au SMIC a disparu, alors même que, compte tenu de la structure du marché du travail, une augmentation volontariste du SMIC de 10 % conduit, selon les évaluations de l'OCDE, à la suppression de 250 000 emplois.

Nicolas Sarkozy ne peut évidemment pas échapper au problème des retraites. Son premier chantier est de régler la question des régimes spéciaux, ces régimes de retraite dont les bénéficiaires se sont illustrés en 1995. Comme mû par l'envie d'en découdre et de démontrer que, à la différence de Chirac et Juppé, il est capable de tordre le bras à des professions naturellement portées au conflit, Sarkozy aborde l'affaire dès son élection (la réforme devient effective en juillet 2008). Sur le fond, le but est l'alignement sur les conditions de départ des autres régimes. Le résultat est mitigé car l'alignement reste partiel : l'âge de départ à la retraite à la SNCF est maintenu, mais le nombre d'années de cotisation pour la percevoir à taux plein est aligné sur celui du régime général. En ce qui concerne les retraites du régime général, les réformes consistent à retarder l'âge de départ, porté à 62 ans. On pourrait considérer que le rapport Charpin va devenir réalité, mais le gouvernement prend au contraire une décision malheureuse qui est de vider le Fonds de réserve des retraites. Pour garantir l'équilibre à court terme, on sacrifie de nouveau le long terme.

La crise

Le court terme se révèle violent. Le retournement conjoncturel, qui a lieu en 2008-2009, est d'une ampleur imprévue : le taux de croissance passe de 2,4 % en 2006 et 2,2 % en 2007 à 0,8 % en 2008 et – 2,5 % en 2009. Lors des précédentes récessions cycliques, le PIB avait continué à augmenter en valeur du fait de l'inflation. Comme l'inflation est légèrement négative en 2009, le PIB en valeur de la France se contracte, ce qui n'était pas arrivé depuis la fin de la Deuxième Guerre mondiale. Il passe de 1 933 milliards d'euros en 2008 à 1 889 milliards en 2009. En avril 2008, le nombre de chômeurs est descendu pour la première fois depuis les années 1980 en dessous de 2 millions. Il remonte à 2 215 000 à la fin de 2008 et à 2 700 000 à la fin de 2009.

En 1982, l'ampleur du retournement cyclique avait été conditionnée par le durcissement de la politique monétaire américaine ; en 1993, par le durcissement de la politique monétaire allemande ; en 2009, les troubles financiers initiaux sont nés d'une politique monétaire américaine restée trop longtemps laxiste.

À l'automne 2008, Sarkozy change d'attitude dans les sommets internationaux. Plus aucune critique d'une autorité reconnue ne vient stigmatiser la rigidité de la BCE. Sarkozy se dit impressionné par le professionnalisme des équipes de Francfort. Décrédibilisés par leur adulation de Greenspan dans les années 2000, les « anti-Trichet » de son entourage perdent leur influence. Ce retour libéral-monétariste proeuropéen est confirmé lorsque, en novembre 2008, au Qatar, le président fait un vibrant plaidoyer pour la reprise des négociations du cycle de Doha et pour l'extension du libre-échange, après avoir eu, en juillet de la même année, des mots très durs sur le libéralisme outrancier du travailliste anglais Peter Mandelson, alors commissaire européen en charge des négociations commerciales internationales.

Bien que prenant un tournant moins dirigiste au niveau international, Nicolas Sarkozy renforce en interne son action et son discours keynésiens-dirigistes. Le 25 septembre 2008, à Toulon, il dénonce les dérives du capitalisme :

> L'idée que les marchés ont toujours raison est une idée folle. L'économie de marché, c'est un marché régulé, le marché mis au service du développement, au service de la société, au service de tous. Ce n'est pas la loi de la jungle, ce n'est pas des profits exorbitants pour quelques-uns et des sacrifices pour tous les autres. La crise actuelle doit nous inciter à refonder le capitalisme, le refonder sur une éthique, celle de l'effort et celle du travail. Il nous faut trouver un nouvel équilibre entre l'État et le marché. L'autorégulation pour régler tous les problèmes, c'est fini. Le laisser-faire, c'est fini. Le marché tout-puissant qui a toujours raison, c'est fini…

Sur le plan strictement budgétaire, la France aborde la crise en situation d'affaiblissement. En juillet 2007, Sarkozy lance la Revue générale des politiques publiques – que les spécialistes et les syndicalistes vont se mettre à appeler la « RGPP » – dont l'objectif est de passer la dépense publique au peigne fin pour identifier les économies possibles. La RGPP, montagne bureaucratique, n'accouche que d'une souris : 8 milliards d'euros d'économie.

Dès que la crise s'installe, Sarkozy ouvre les vannes. Il décide la mise en place d'un plan de relance « à l'ancienne », porté par la nomination d'un « ministre de la Relance ». Le 26 août 2009, il lance l'opération dite du « Grand Emprunt » pour lequel Henri Guaino, un de ses proches conseillers, souhaite fixer une enveloppe de 100 milliards. Une commission coprésidée par Alain Juppé et Michel Rocard est chargée de définir les besoins. Sa première mission est de calmer les enthousiasmes dépensiers et de limiter cette enveloppe à 35 milliards d'euros.

Par conséquent, le déficit budgétaire s'accroît à partir de 2008 non seulement dans sa composante conjoncturelle, mais aussi dans sa partie structurelle. Le déficit de 2007 est de 2,7 % du PIB. En 2008, il est de 3,3 % et en 2009 de 7,5 %, soit 142 milliards d'euros. Quant au déficit structurel, il est porté à 5 % du PIB, dont 0,4 % au titre du plan de relance. En Allemagne, le déficit reste limité à 3,3 % en 2009, avec un solde structurel de 2 %. Seule consolation, le déficit britannique explose à 10,4 % du PIB, avec un déficit structurel de 8,2 %.

Retour libéral-monétariste au fur et à mesure que la Grèce sombre

C'est de nouveau l'Europe qui va imposer à Nicolas Sarkozy un retour en arrière. L'offensive contre l'euro débute en décembre 2009 avec la première baisse par les agences de notation de la note de la dette publique grecque. À cette occasion, l'Allemagne reprend le leadership en Europe. Pour garder son rang, la France n'a pas d'autre solution que de tourner la page du « Grand Emprunt » pour ouvrir celle de la « règle d'or », expression visant à adopter le principe du vote systématique de budgets en équilibre. Sentant les difficultés monter, Sarkozy demande un nouveau rapport actualisant celui de Pébereau. Les rédacteurs sont le directeur général de l'INSEE et un de ses prédécesseurs. C'est le rapport Cotis-Champsaur, qui a un air connu pour les experts : « La France s'est présentée dans cette crise avec des finances publiques relativement fragiles, résultat de trente années de déficits accumulés. De manière emblématique, les périodes de haute conjoncture n'ont pas été utilisées, en France, pour réduire sérieusement les déficits publics comme d'autres nations ont su le faire. »

Cependant, la force nouvelle de ce discours repose sur ce qui se passe dans la zone euro. À la veille du sommet européen de mai 2010, les jeux sont faits. L'incapacité de Paris à infléchir les positions allemandes, notamment sur l'intervention du FMI dans la zone, est un révélateur du mélange de désarroi et d'impuissance qui caractérise la situation européenne de la France. L'affaiblissement français sanctionne les erreurs de politique économique accumulées depuis la naissance de l'euro : baisses à contretemps des impôts sous Chirac, refus des règles du PSC en novembre 2003, loi TEPA de 2007, « Grand Emprunt » de 2009.

En 2011, à un an de l'élection présidentielle, Nicolas Sarkozy brandit la « règle d'or », c'est-à-dire un budget équilibré – du moins dans sa composante structurelle. Dans son rapport sur les finances publiques de juin 2011, la Cour des comptes évalue le déficit structurel à 90 milliards d'euros. En septembre, le gouvernement Fillon prend les premières mesures à même de réduire ce déficit structurel, à travers une augmentation des impôts de 12 milliards d'euros.

Le bilan budgétaire de Sarkozy n'en reste pas moins peu réjouissant. Le poids de la dette, qui était de 64 % du PIB fin 2006, juste avant son élection, passe à 89,3 % à la fin du premier trimestre 2012, quand il quitte ses fonctions.

Esquisse d'un bilan du sarkozysme

Dans un premier temps, désireux de se démarquer de l'immobilisme de son prédécesseur qui avait théorisé son conservatisme comme la défense d'un « modèle social français » à la fois plus efficace, plus juste, voire plus humain, que le « modèle anglo-saxon », Sarkozy a prétendu libéraliser l'économie. Cette libéralisation s'est faite à dose homéopathique, tandis qu'il conservait un discours anti-Trichet et anti-BCE. La taxe Tobin a été brandie de façon rituelle pour bien occulter la création du statut d'auto-entrepreneur. Fondamentalement, face à la récession, la relance a été proclamée, la politique industrielle réhabilitée et le « Grand Emprunt » encensé.

Ce keynésianisme débridé s'est achevé à l'automne 2009 lorsque le drame grec a commencé. Fin 2011, Sarkozy revient à Toulon, dans la salle même où il avait parlé de refonder le capitalisme. Il déclare :

> Ainsi s'est mise en place une gigantesque machine à fabriquer de la dette. Ainsi les pays développés ont-ils cherché leur salut dans la seule voie qui leur restait : la fuite en avant dans l'endettement. Dans certains pays comme la France, c'est l'État qui s'est endetté. Pas un seul budget en équilibre depuis 1974 ! Dans d'autres pays comme l'Angleterre ou l'Espagne, ce sont les ménages qui pendant longtemps se sont endettés. Dans d'autres encore, comme aux États-Unis, les ménages et l'État se sont endettés en même temps. Le cycle qui s'annonce sera un cycle de désendettement qui ramènera le balancier de l'économie vers le travail et la production que les pays développés avaient eu tendance à trop sacrifier.

Annexe

Tableau 1. Les années Sarkozy

	2007	2008	2009	2010	2011
Taux de croissance en volume	2,4	0,2	– 2,9	2	2,1
Déficit public (% du PIB)	– 2,5	– 3,2	– 7,2	– 6,8	– 5,1
Dette publique au 31 décembre (% du PIB)	64,4	68,1	79	81,7	85,2

Source : INSEE.

Commentaire : l'année 2007 est la plus favorable du cycle. Elle aurait dû connaître des finances publiques équilibrées, comme le recommandaient aussi bien le FMI que l'OCDE. La loi TEPA et les interventions de Nicolas Sarkozy à l'Eurogroupe du 9 juillet ont montré le peu de cas que faisait la France de ce diagnostic.

ÉPILOGUE

Nouvelle équipe, vieux discours

François Hollande n'appartient pas encore à l'histoire et son intrusion dans ce livre serait prématurée. Néanmoins, il mérite quelques commentaires, avant que nous ne tirions la conclusion de ce long périple dans l'histoire économique de notre pays.

Quand il arrive aux affaires, son parti est toujours aussi divisé sur l'Europe après la tragicomédie et les déchirements de 2005. Dans ce contexte, il fait mine de refuser le virage libéral-monétariste de son prédécesseur. La « malédiction des débuts keynésiens » se manifeste. Au sommet européen de juin 2012, François Hollande défend un soi-disant « pacte de croissance » de 120 milliards d'euros visant à réintroduire le keynésianisme dans le jeu européen. Assez vite, il a corrigé le tir et fait voter le traité négocié par Nicolas Sarkozy. Sans trop de mal, même si, à l'instar de François Mitterrand qui avait dû affronter les « Albanais » pour imposer son choix européen, il a subi la pression des « frondeurs ».

Ce traité, dit « traité pour la stabilité, la coordination et la gouvernance » (TSCG), précise le PSC. À propos des finances publiques, il stipule notamment : « a) la situation budgétaire des administrations publiques d'une partie contractante est en équilibre ou en excédent ; b) la règle énoncée au point a) est considérée comme respectée si le solde structurel annuel des administrations publiques correspond à l'objectif à moyen terme spécifique à chaque pays, tel que défini dans le pacte de stabilité et de croissance révisé, avec une limite inférieure de déficit structurel de 0,5 % du produit intérieur brut aux prix du marché ».

Le processus d'adaptation du PSC est arrivé à son terme. Les 3 % et les 60 % sont toujours là, mais le centre de l'analyse s'est déplacé vers le partage entre les déficits structurel et conjoncturel. Cela est difficile à admettre et à comprendre en France, où on parle encore avec angoisse ou haine des « critères de Maastricht ». Quant aux députés qui votèrent le TSCG à une écrasante majorité (470 voix pour, même si une partie de la majorité parlementaire socialiste a voté contre), force est de constater qu'ils n'ont par la suite voté que des budgets en contradiction avec ce traité.

Conclusion

Depuis 1978, la France esquive. Plus grave, elle mène un jeu ridicule qui, à la longue, finit par être dangereux, celui d'engagements régulièrement réaffirmés pour être tout aussi régulièrement trahis. Après l'acceptation de la discipline monétaire du SME en 1979, la relance de 1981 a jeté le doute sur les intentions réelles de Paris ; puis vint la correction de la rigueur de 1983. Après l'acceptation de la discipline budgétaire avec l'adoption par référendum du traité de Maastricht en 1992, la dérive des comptes publics de 1993, qui a conduit à un déficit de 6 % du PIB – soit 3 points de plus que la norme autorisée –, suivie de la campagne « Phares et balises » de Jacques Chirac avaient de nouveau irrité nos partenaires ; puis vint la correction du plan Juppé. Après la signature du traité d'Amsterdam, ce furent le désastreux sommet de Rome de 2003 et les propos délirants tenus sur Jean-Claude Trichet et la BCE ; puis vinrent les annonces sur la « règle d'or » et le vote du TSCG.

Quel est le bilan de ces allers et retours, allant de « coups de menton » économiques keynésiens, justifiés par des discours sur le « modèle social français[1] », à des corrections libérales-

---

1. Que personne ne nous envie, contrairement à ce qu'affirment ceux qui en bénéficient. Voir à ce sujet l'excellent livre de Jean-Olivier Hairault, *Ce modèle social que le monde ne nous envie plus* (Albin Michel, 2015).

monétaristes à travers des politiques qualifiées tantôt d'austérité, tantôt de rigueur ? Une crédibilité européenne de la France qui s'effrite et une croissance moyenne sur la durée de chaque cycle qui ne cesse de reculer (voir annexe, p. 252).

Si le recul de la croissance potentielle n'est pas le triste apanage de la France, celle-ci fait partie des pays les plus affectés. Et, sur le plan politique, les dégâts deviennent sensibles.

François Mitterrand avait compris le danger du refus et du déni. Désireux de marquer positivement l'histoire, il a cru trouver dans le socialisme keynésien, mâtiné de références verbales au marxisme, un moyen d'y parvenir. Déçu et revenu à plus de lucidité dès le début de 1982, il a substitué à ce vain idéal un nouveau projet, celui de la construction européenne. Et de même qu'il était prêt à mener jusqu'à son terme un projet socialiste qui aurait fait ses preuves, de même a-t-il décidé de mener à son terme un projet européen à ses yeux plus accessible. Or, la chute du mur de Berlin a failli emporter ce projet. Il a dû réagir dans l'urgence et a concentré son effort sur la monnaie. L'Allemagne, affaiblie de façon imprévue – surtout par elle – par la remise à niveau des territoires de l'Est, a accepté de le suivre vaille que vaille. De ce « compromis historique » entre Français et Allemands, les Britanniques ont fait les frais lors de la crise du SME en septembre 1992, à un des rares moments où ils exprimaient la volonté de jouer le jeu européen. Quand Mitterrand quitte la scène, l'essentiel est sauf. L'Union monétaire est sur les rails. Il déclare alors : « Je suis le dernier des grands présidents ; après moi, il n'y aura plus que des financiers et des comptables. »

Ainsi, il confie plus ou moins consciemment la maison à un financier de talent, Jean-Claude Trichet. Malgré quelques individus remarquables, comme Alain Juppé ou Laurent Fabius, la politique française ne sera plus à la hauteur de l'ambition mitterrandienne. Elle se limite sur le plan économique à un jeu d'équilibriste entre le keynésianisme amendé des alchimistes de Washington, inondant le monde de dollars sans limites maintenant que les Démocrates de tradition wilsonienne, comme Carter, Volcker ou Clinton, ont disparu, et la rigueur revenue de l'Allemagne, maintenant que les lois Hartz sont la référence des gouvernements de grande coalition.

Depuis 1978, le keynésianisme est américain et le libéral-monétarisme européen, ou « carolingien » si on tient compte de l'expulsion du Royaume-Uni en 1992[1]. Donc la résistance sournoisement keynésienne des Français à la nécessité libérale-monétariste est absurde. C'est un mensonge à l'égard de la population à laquelle on promet un plein-emploi que l'on ne se donne pas les moyens de réaliser. C'est un jeu historiquement daté, économiquement inefficace, politiquement anti-européen et finalement assez stupidement proaméricain.

1. Un Royaume-Uni où David Cameron mène avec succès une politique libérale-monétariste.

Annexe

Tableau 1. Taux de croissance moyen en volume en France par cycle[1]

	%
1961-1967	5,6
1968-1975	4,7
1976-1983	2,7
1984-1993	2,1
1994-2003	2,2
2004-2009	1
2010	Anticipé par prolongation de la tendance : 0,3

Source : INSEE, calculs de l'auteur.

1. L'année de la fin du cycle identifiée dans ce tableau est celle du creux correspondant à un ralentissement ou à une récession.

Glossaire

Arbitrage de Phillips

C'est l'arbitrage entre l'inflation et le chômage. L'analyse du lien de cause à effet entre inflation et chômage a évolué dans le temps. Dans la première phase du keynésianisme, c'est-à-dire dans les années 1950, l'inflation est considérée comme inexistante, les économistes keynésiens postulant que les prix sont rigides. Son apparition en temps de paix ne peut correspondre qu'à une prise de pouvoir au sein de l'économie par un groupe social capable de contrecarrer les mécanismes de concurrence (inflation par les coûts, voir *infra*). Dans un deuxième temps, dans les années 1960, l'inflation est considérée comme un moyen de réduire le chômage. Dans un troisième temps, la période de stagflation des années 1970 infirme ce postulat. Le lien fonctionne dans l'autre sens, c'est-à-dire que plus de chômage fait pression sur les salaires et contient l'inflation.

Création monétaire

Depuis les accords de la Jamaïque en 1976, l'or n'est plus la référence monétaire ultime. La monnaie est immatérielle. Ce sont les banques qui créent la monnaie selon le mécanisme de crédit – sans l'adosser à un dépôt initial. Nous avons donc une séquence :

Crédit----------Dépôt----------Crédit.

Ce mécanisme de création monétaire par le crédit est autorégulé par les banques à travers le marché monétaire. Quand ce n'est pas le cas, alors la banque centrale intervient pour le ramener dans les limites établies.

Supposons que le client d'une banque A contracte un prêt de 100 euros pour réaliser un investissement. Ce prêt, ce crédit constitue une création de monnaie de 100 euros. L'investisseur va dépenser les 100 euros en faisant un chèque à l'ordre d'un de ses fournisseurs. Celui-ci est lui-même détenteur d'un compte en banque et va porter le chèque à sa banque B. Cette dernière reçoit le chèque, crédite le compte de son client, puis se tourne vers la banque A pour lui demander d'honorer le chèque. B peut adopter trois attitudes :

– demander à A de lui ouvrir un compte courant et de la créditer de 100 euros (attitude rare car cela ne rapporte rien à B, mais qui tend à prendre de l'importance à partir de 2014 quand les politiques monétaires débouchent sur des taux d'intérêt négatifs) ;

– proposer à A d'attendre le lendemain pour voir ce qui se passe, un chèque d'un client de B pouvant se retrouver le lendemain en question entre les mains de A. Cela revient à un prêt de B à A. Comme tout prêt, celui-ci a un taux qui est le taux au jour le jour (*overnight*). Aujourd'hui, en zone euro, ce taux s'appelle l'EONIA (Euro Overnight Index Average). C'est le taux auquel se prêtent les banques pour une journée. Le lieu où se négocient ces prêts est le marché monétaire ;

– demander à A de la monnaie sûre, reconnue par tout le monde, c'est-à-dire de la monnaie banque centrale (pour faire simple, disons des billets de la banque centrale, ceux qu'utilisent les particuliers dans leurs échanges quotidiens).

La banque centrale a une double mission : assurer un rôle de « prêteur en dernier ressort » et donc de financement ultime de l'économie ; utiliser ce rôle pour contenir l'inflation. Comme nous l'avons dit précédemment, une banque peut demander à une autre banque des billets de la banque centrale. Ces billets sont recherchés parce que le public a l'habitude de les utiliser et leur fait confiance, et parce qu'ils sont normalement protégés par la loi – dans tous les pays, il est interdit de les refuser comme moyen de paiement. Cette interdiction porte le nom de « privilège d'émission ». Pour obtenir les billets de la banque centrale, les banques les lui empruntent pour trois mois à un taux qui s'appelle le taux d'intervention de la banque centrale, ou encore le taux de refinancement (en abrégé, le « taux Refi »). C'est ce taux qui est le pivot de la politique monétaire.

Croissance

Elle se mesure par l'augmentation du produit intérieur brut (PIB) qui est l'addition de la production des divers agents économiques. La croissance est cyclique. Se succèdent récession et surchauffe, déflation et inflation. Il y a donc une croissance de long terme, la « croissance potentielle » et une composante cyclique/conjoncturelle qui vient se combiner avec cette croissance potentielle pour donner la croissance annuelle. La croissance potentielle se mesure par la croissance moyenne sur la durée du cycle. Cela conduit à introduire deux niveaux de production : le PIB potentiel qui est le PIB tendanciel, le PIB que l'économie atteindrait si sa croissance était régulière et harmonieuse (c'est-à-dire sans chômage et sans inflation), et le PIB réel qui est celui que l'on constate. Le PIB réel passe par des phases où il est inférieur au PIB potentiel (il y a alors du chômage) et par des phases où il lui est supérieur (on est alors en période de surchauffe économique dont la traduction est usuellement de l'inflation). La croissance du PIB potentiel repose sur le progrès technique et sur le nombre de personnes susceptibles de travailler (la population active). Le progrès technique est essentiel car il augmente la productivité ; il se diffuse par le biais de l'investissement. L'investissement est au centre de la croissance, ce qui fait de l'entreprise qui en est le vecteur l'acteur primordial de l'enrichissement.

Déficit conjoncturel, déficit structurel

Le raisonnement en termes de cycle conduit à diviser le déficit public en deux. Il doit s'analyser comme étant la somme d'un déficit conjoncturel, correspondant à l'évolution du cycle, et d'un déficit structurel, correspondant à la détérioration objective et de long terme de la situation des finances publiques. L'objectif que doit se donner une politique budgétaire est de maintenir l'équilibre structurel des finances publiques, en d'autres termes de faire en sorte que le déficit structurel soit nul.

Une politique budgétaire adaptée au cycle repose sur les stabilisateurs automatiques. Selon cette théorie, il faut faire voter aux parlements responsables de l'approbation des budgets des dépenses évoluant selon les mêmes taux que le PIB potentiel, selon le taux de croissance potentielle de l'économie. Simultanément, il faut adopter une fiscalité assise exclusivement sur les évolutions de revenu de façon à ce que son rendement soit directement proportionnel au PIB réel. Enfin, il faut maintenir une structure des dépenses et des recettes publiques telle que l'équilibre budgétaire structurel soit bel et bien assuré, c'est-à-dire que l'équilibre budgétaire soit effectif lorsque le PIB réel atteint le niveau du PIB potentiel. Si on procède ainsi, les périodes dites de surchauffe du cycle, qui correspondent à un PIB supérieur au PIB potentiel, conduisent à des rentrées fiscales supérieures aux dépenses. Symétriquement, les périodes de ralentissement économique correspondent à une chute des rentrées fiscales et à l'apparition d'un déficit budgétaire conjoncturel qui soutient la demande et permet de réduire le chômage. Si l'on gère de cette façon les finances publiques, le déficit conjoncturel est égal à l'écart de production multiplié par le taux d'imposition.

Sur le plan économique, pour affiner l'analyse historique des finances publiques, il faut étudier le déficit en le décomposant d'une part en déficit conjoncturel et déficit structurel, d'autre part en déficit total et déficit primaire (c'est-à-dire hors charge d'intérêt) – cf. *infra* stabilité de la dette dans le PIB. Certains combinent les deux en faisant remarquer que les intérêts sont dans le déficit structurel.

Dès lors :

Déficit total = déficit conjoncturel + déficit structurel primaire + charge d'intérêt

Déficit extérieur (déficits jumeaux)

Le système d'équations comptables de toute économie s'écrit :

$$Y + M = C + I + G + X$$
$$R = C + S + T$$
$$Y = R$$

où Y est la production (le PIB), M les importations, C la consommation, I l'investissement des entreprises, G les dépenses publiques et X les exportations. S est l'épargne.

La première équation traduit le principe fondamental de l'économie qu'est l'égalité entre l'offre et la demande. Remplaçons dans l'égalité entre l'offre et la demande Y par R, c'est-à-dire par $C + S + T$, on obtient :

$$C + S + T + M = C + I + G + X$$

C se simplifie et on obtient :

$$(S - I) + (T - G) = X - M$$

Cette dernière équation appelle trois commentaires :

– à l'équilibre, le déficit budgétaire et le déficit extérieur doivent être nuls. Cela signifie que normalement, dans l'économie, il y a égalité entre l'épargne et l'investissement. Cette égalité est un des résultats fondamentaux de l'économie ;

– la politique budgétaire, c'est-à-dire la fixation par l'État de ses recettes et de ses dépenses, a un impact sur l'équilibre extérieur. Un déficit budgétaire conduit à un déficit extérieur. C'est pour cela que l'on parle de « déficits jumeaux » ;

– un déficit extérieur correspond au fait que l'épargne S n'est pas assez importante. Un déficit extérieur doit s'analyser comme un manque d'épargne et un excès de consommation.

Déficit public

C'est la différence sur une année entre les recettes et les dépenses des entités publiques. C'est un flux économique, alors que la dette publique est un stock. La dette est la somme des déficits accumulés au fil du temps. Chaque déficit augmente le stock de dette publique, chaque excédent le réduit.

Dette publique

La dette mesure « l'ensemble des engagements financiers bruts des administrations publiques, à l'exception des crédits commerciaux et des décalages comptables » (définition retenue dans les traités européens). Cette dette est mesurée en valeur nominale et non en valeur de marché. Un titre de dette a en effet deux valeurs. La première correspond à la somme apportée au moment de l'émission par le prêteur : c'est la valeur nominale. Mais si ce prêteur souhaite récupérer ses fonds avant la date prévue pour le remboursement, il va vendre son titre de dette. Ce titre a dès lors un prix de vente, une valeur de marché qui dépend du temps qui reste à courir avant le remboursement et du taux d'intérêt. En effet, si au moment de l'émission le taux est par exemple de 5 % et qu'au moment où on cherche à se défaire du titre le taux des nouveaux emprunts est de 10 %, personne ne l'achètera sauf si le vendeur le vend à un prix minoré. La dette est également dite consolidée, ce qui signifie qu'elle exclut les dettes contractées entre administrations publiques.

Écart de production (*output gap*)

C'est la différence entre le PIB potentiel et le PIB réel. On le mesure en pourcentage du PIB potentiel. En phase de récession, il est négatif. Dans les phases de forte expansion, il est positif. Quand l'écart de production est négatif, le chômage augmente. Quand il est positif, l'économie connaît des tensions inflationnistes.

Inflation

C'est l'augmentation régulière et auto-entretenue des prix. Elle traduit un déséquilibre entre l'offre et la demande (cette dernière étant excessive). On a coutume de distinguer deux types d'inflation :

– l'inflation par la demande qui correspond au fait que μ augmentant, les revenus augmentent et les entreprises voient leurs débouchés s'accroître. Elles peuvent alors soit augmenter leur production – grâce aux investissements qui ont été financés par le crédit à l'origine de l'augmentation de μ –, soit augmenter leurs prix. Face à cette inflation, la politique monétaire agit à la source en limitant les crédits. L'inflation par la demande est associée à la vision libérale-monétariste ;

– l'inflation par les coûts qui, comme son nom l'indique, est due au fait que les entreprises répercutent dans leurs prix des hausses de coûts, notamment salariaux. Cette inflation est associée à la vision keynésienne. Ce point de vue est défendu en particulier par Sidney Weintraub, qui publie en 1978 un livre intitulé *Capitalism's Inflation and Unemployment Crisis*. Il y affirme que l'inflation est la conséquence des affrontements entre les groupes sociaux autour de la répartition du revenu national. On évite l'inflation par les coûts en négociant avec les syndicats ou en imposant par la loi une évolution des rémunérations, et donc du coût du travail, conforme à celle de la productivité.

Productivité

Le grand penseur de la productivité est le Français Jean Fourastié, l'auteur du livre *Les Trente Glorieuses* (1979). Il la définit comme le quotient de la production par le nombre d'heures travaillées. La production peut se mesurer soit sous forme physique (nombre d'objets produits), soit valorisée par un système de prix (on prend la valeur des biens produits). Fourastié précise que « la cause – et donc le moyen – de l'accroissement de la productivité est toujours l'application du progrès technique ».

Stabilité de la dette dans le PIB

Le ratio dette/PIB ne peut croître indéfiniment. Certes, l'État, qui est éternel, a adopté comme principe de ne pas inscrire dans ses budgets de crédits pour le remboursement de la dette (ce remboursement est appelé l'« amortissement ») ; il inscrit uniquement de quoi verser les intérêts. Plus le volume de dette est important et plus hauts sont les taux d'intérêt, plus le montant de ces intérêts est élevé. Or, il existe un plafond de dépenses pour l'État qui est fonction de ses ressources et donc du PIB. Il existe donc un niveau du ratio dette/PIB au-delà duquel l'État ne peut aller. Théoriquement et pratiquement, ce niveau est impossible à établir.

La seule chose que peut dire l'économiste, c'est comment faire en sorte que ce ratio reste stable. C'est le cas si le taux de croissance de la dette est égal à celui du PIB. Le taux de croissance de la dette se définit comme son augmentation divisée par son volume. L'augmentation de la dette correspond au déficit public. Son taux de croissance est donc le ratio déficit sur dette.

L'égalité des recettes et des dépenses des administrations s'écrit :

Impôts + déficit = dépenses courantes + dépenses d'intérêt

Nous écrivons « dépenses d'intérêt » car il n'y a pas dans les budgets publics de sommes prévues pour rembourser la dette. Certains commentateurs ont du mal à admettre cette idée que la dette publique ne se rembourse pas ; que l'État, quand une partie de sa dette arrive à échéance, la replace immédiatement sur le marché. Si bien qu'ils parlent de remboursement pour désigner les montants consacrés à payer des intérêts, ce qui est inexact.

La différence entre les impôts et les dépenses courantes constitue ce que l'on appelle le « solde primaire du budget ». Les dépenses d'intérêt sont égales à la dette multipliée par le taux d'intérêt que porte la dette publique. On obtient alors la règle de stabilité de la dette publique :

Taux de croissance de l'économie = taux de croissance
de la dette = déficit/dette = solde primaire + dépenses d'intérêt/
dette = solde primaire/dette + taux d'intérêt

Quand le solde primaire est nul, la règle de stabilité indique que le stock de dette garde son poids dans le PIB si le taux d'intérêt est égal au taux de croissance.

L'égalité du taux d'intérêt au taux de croissance constitue pour les économistes ce que l'on appelle la « règle d'or de la croissance ». Elle a l'avantage de garantir la stabilité de la dette.

Elle a comme conséquence qu'outre le déficit des finances publiques, les économistes sont appelés à s'intéresser au solde primaire, au déficit primaire, c'est-à-dire au déficit moins la charge d'intérêt. C'est lui qui permet d'évaluer la capacité de l'État à réduire le poids de la dette dans le PIB. Quand le solde primaire est nul et quand la stabilité de la dette est garantie, la charge d'intérêt est égale au taux d'intérêt multiplié par le taux d'intérêt et donc le taux de croissance. Rappelons que c'est ainsi que l'on retrouve l'articulation entre le PSC et la stratégie de Lisbonne.

Signalons au passage que *Le Capital au* XXIe *siècle*, le best-seller de Thomas Piketty, s'appuie sur l'idée que la règle d'or de la croissance n'est pas réalisée dans le temps, le taux d'intérêt se trouvant assez systématiquement supérieur au taux de croissance.

Triangle de Mundell

Dans un article de 1960, l'économiste Robert Mundell théorise ce qu'il appelle le « triangle des incompatibilités ». Ce triangle porte sur l'organisation des relations monétaires internationales. Selon lui, il y a trois modes d'organisation possibles. Les paramètres sur lesquels on peut jouer sont la liberté de circulation des capitaux (et son contraire, le contrôle des changes), l'autonomie de la politique monétaire et l'existence d'une grille stable de parités (et son contraire, un régime de changes flottants). Mundell établit que si l'on choisit les changes fixes et la liberté de circulation des capitaux, on perd l'autonomie de sa politique monétaire. Ainsi, pour qu'un système de change fixe, comme celui de Bretton Woods ou comme le SME européen, soit viable sur le long terme, il faut que tous les pays qui y participent aient la même politique monétaire, ce qui suppose qu'ils aient le même taux d'inflation.

Repères chronologiques

15 août 1971	Richard Nixon suspend la convertibilité-or du dollar.
Octobre 1973	Début des changes flottants. Choc pétrolier.
1975	Politique de relance. Théorie des locomotives de l'OCDE. Première récession depuis 1945.
1976	Raymond Barre Premier ministre. Accords de la Jamaïque : fin officielle de l'or comme référence monétaire.
1978	G7 de Bonn : rapport McCracken. Opposition entre l'Allemagne et les États-Unis sur la politique monétaire. Sommet de Brême décidant la création du SME.
1979	Création du SME. Paul Volcker président de la Réserve fédérale des États-Unis. Margaret Thatcher Premier ministre du Royaume-Uni.
1980	Élection de Ronald Reagan.
1981	Élection de François Mitterrand : relance redistributive ; nationalisations ; retraite à 60 ans. Pierre Mauroy à Matignon.

1982	Blocage des prix et des salaires.
1983	La « rigueur ».
1984	Sommet européen de Fontainebleau. Jacques Delors nommé président de la Commission européenne. Laurent Fabius Premier ministre (politique de modernisation).
1986	Première cohabitation. Acte unique européen. Fin du contrôle des prix.
1987	Privatisations. Accords du Louvre. Krach boursier en octobre. Alan Greenspan nommé président de la Réserve fédérale des États-Unis.
1988	Réélection de François Mitterrand. Sommet d'Évian et relance du processus monétaire européen. Michel Rocard à Matignon.
1989	Chute du mur de Berlin. Fin du communisme en Europe de l'Est.
1990	Réunification allemande. Création de la CSG. Fin du contrôle des changes.
1991	Édith Cresson à Matignon. Premier rapport sur les retraites. Sommet de Maastricht.
1992	Pierre Bérégovoy à Matignon. Crise du SME en septembre ; éloignement du Royaume-Uni. Traité de Maastricht approuvé en France par référendum. Bill Clinton président des États-Unis.

1993 Récession. Le déficit budgétaire en France explose à 6 % du PIB. Cohabitation : Édouard Balladur Premier ministre.
Stratégie de l'emploi de l'OCDE.
Mitterrand déclare : « Contre le chômage, on a tout essayé. »

1995 Jacques Chirac élu président sur un programme « keynésien » ; il change de politique en octobre.
Alain Juppé Premier ministre.
Plan de redressement des comptes publics, notamment des comptes sociaux.
Grèves de la SNCF et de la RATP.

1997 Cohabitation ; Lionel Jospin Premier ministre.
Traité d'Amsterdam : le pacte de stabilité et de croissance est adopté. Les 35 heures.
Tony Blair Premier ministre « New Labour » au Royaume-Uni.

1998 Phase de croissance qui n'est pas suffisamment mise à profit pour apurer les comptes publics.

1999 Rapport Charpin sur les retraites.
Début officiel de l'euro.

2000 Chirac et la « cagnotte ».
Laurent Fabius ministre de l'Économie et des Finances.
George W. Bush président des États-Unis.

2001 Retournement conjoncturel.
Attentats du 11 septembre ; surréactions monétaire et budgétaire américaines.

2002 Réélection de Jacques Chirac.
Jean-Pierre Raffarin à Matignon.
Baisses d'impôts malgré le déficit budgétaire.

2003	Affrontements européens sur la politique budgétaire et le pacte de stabilité. La France en « mouton noir » de l'Europe. L'Allemagne engage les réformes de son marché du travail.
2005	Référendum européen : le « non » l'emporte. Dominique de Villepin Premier ministre. Émeutes de banlieue. Rapport Pébereau sur la dette.
2007	Élection de Nicolas Sarkozy. François Fillon Premier ministre. Loi TEPA. Sarkozy à l'Eurogroupe.
2008	Faillite de Lehman Brothers ; retournement conjoncturel. Discours de Toulon sur la « refondation du capitalisme ». Présidence française de l'Union européenne.
2009	Récession. Le déficit budgétaire explose à 7,5 % du PIB.
2010	Crise des dettes publiques en Europe.
2011	Politique d'austérité. Discours sur la « règle d'or ». Nouveau discours de Toulon.
2012	Élection de François Hollande. Jean-Marc Ayrault Premier ministre. Forte augmentation des impôts. Vote du TSCG.
2014	Pacte de responsabilité. Manuel Valls à Matignon.
2015	Victoire de l'extrême gauche en Grèce. Retournement conjoncturel et nouvelle phase de croissance.

Références bibliographiques

Deux livres importants ont déjà été publiés sur l'histoire économique de cette période : Philippe Askenazy, *Les Décennies aveugles. Emploi et croissance (1970-2014)*, dont la dernière édition est parue dans la collection « Points » aux Éditions du Seuil ; Patrick Artus et Marie-Paule Virard, *Les Apprentis Sorciers. 40 ans d'échecs de la politique économique française* (Fayard, 2013). Les deux ouvrages fournissent une approche intéressante du gâchis français mais ne tiennent pas assez compte, à notre sens, du manque de cohérence entre les engagements européens pris et les politiques menées. Nous recommandons également la lecture de *Ces hommes qui ont fait l'euro* de Jean Quatremer et Thomas Klau (Plon, 1999).

On trouve le Livre blanc sur les retraites de 1991 et le rapport Charpin sur le site Internet de la Documentation française, ainsi que les rapports Camdessus, Pébereau et Attali. Les sources les plus importantes en termes d'analyse et de statistique se trouvent sur les sites Internet de l'OCDE, du FMI et de l'INSEE.

Table

Réalisation : Nord Compo à Villeneuve-d'Ascq
Dépôt légal : septembre 2015
ISBN : 979-10-210-0287-6
Numéro d'édition : 3821
Imprimé en Italie